coleção
# RESUMOS

# RESUMO DE DIREITO TRIBUTÁRIO

## COLEÇÃO RESUMOS DA MALHEIROS EDITORES
(Volumes 1 a 12, Autores:
MAXIMILIANUS CLÁUDIO AMÉRICO FÜHRER
e MAXIMILIANO ROBERTO ERNESTO FÜHRER)

*Resumo 1 – Direito Comercial (Empresarial)*, 45ª ed., 2016.
*Resumo 2 – Obrigações e Contratos (Civis, Empresariais, Consumidor)*, 31ª ed., 2015.
*Resumo 3 – Direito Civil*, 43ª ed., 2017.
*Resumo 4 – Processo Civil*, 42ª ed., 2017.
*Resumo 5 – Direito Penal (Parte Geral)*, 35ª ed., 2017.
*Resumo 6 – Processo Penal*, 29ª ed., 2015.
*Resumo 7 – Direito Administrativo*, 29ª ed., 2016.
*Resumo 8 – Direito Tributário*, 26ª ed., 2017.
*Resumo 9 – Direito do Trabalho*, 26ª ed., 2016.
*Resumo 10 – Direito Constitucional*, 20ª ed., 2017.
*Resumo 11 – Direito Penal (Parte Especial)*, 11ª ed., 2015.
*Resumo 12 – Dicionário Jurídico*, 3ª ed., 2010.
*Resumo 13 – Direito do Consumidor*, 2015 (Autores: MAXIMILIANO ROBERTO ERNESTO FÜHRER e MARÍLIA STEPHANE CAMPOS FÜHRER).

### Outras Obras de
### MAXIMILIANUS CLÁUDIO AMÉRICO FÜHRER

*Crimes Falimentares*, Ed. RT, 1972.
*Manual de Direito Público e Privado*, em coautoria com Édis Milaré, 17ª ed., Ed. RT, 2009.
*Roteiro das Recuperações e Falências*, 21ª ed., Ed. RT, 2008.
Tradução de aforismos de vários pensadores: *Revista dos Tribunais* (período 1975/1976).
Artigos: "O homicídio passional", *RT* 392/32; "O elemento subjetivo nas infrações penais de mera conduta", *RT* 452/292; "Como aplicar as leis uniformes de Genebra", *RT* 524/292; "O elemento subjetivo no Anteprojeto do Código das Contravenções Penais – Confronto com a legislação em vigor", *RT* 451/501; "Quadro Geral das Penas", *RT* 611/309.

### Outras obras, pela Malheiros Editores,
### de MAXIMILIANO ROBERTO ERNESTO FÜHRER

*Código Penal Comentado*, 3ª ed., 2010 (com MAXIMILIANUS CLÁUDIO AMÉRICO FÜHRER).
*Curso de Direito Penal Tributário Brasileiro*, 2010.
*História do Direito Penal*, 2005.
*A Nova Prisão e as Novas Medidas Cautelares no Processo Penal*, 2011.
*Novos Crimes Sexuais*, 2009.
*A Reforma do Código de Processo Penal*, 2008.
*Tratado da Inimputabilidade no Direito Penal*, 2000.

**MAXIMILIANUS CLÁUDIO AMÉRICO FÜHRER**
**MAXIMILIANO ROBERTO ERNESTO FÜHRER**

# RESUMO DE DIREITO TRIBUTÁRIO

*26ª edição,*
*revista e atualizada*

**RESUMO DE DIREITO TRIBUTÁRIO**
© Maximilianus Cláudio Américo Führer
Maximiliano Roberto Ernesto Führer

*1ª ed., 01.1998; 2ª ed., 04.1998; 3ª ed., 07.1998; 4ª ed., 01.1999;
5ª ed., 05.1999; 6ª ed., 01.2000; 7ª ed., 08.2000; 8ª ed., 01.2001;
9ª ed., 07.2001; 10ª ed., 01.2002; 11ª ed., 07.2002; 12ª ed., 01.2003;
13ª ed., 01.2004; 14ª ed., 08.2004; 15ª ed., 01.2005; 16ª ed., 09.2005;
17ª ed., 03.2006; 18ª ed., 02.2007; 19ª ed., 02.2008; 20ª ed., 04.2009;
21ª ed., 04.2010; 22ª ed., 04.2011; 23ª ed., 04.2012; 24ª ed., 09.2013;
25ª ed., 01.2015.*

*Direitos reservados desta edição por
MALHEIROS EDITORES LTDA.
Rua Paes de Araújo, 29, conjunto 171
CEP 04531-940 – São Paulo – SP
Tel.: (11) 3078-7205 – Fax: (11) 3168-5495
URL: www.malheiroseditores.com.br
e-mail: malheiroseditores@terra.com.br*

*Composição:* PC Editorial Ltda.
*Capa
Criação:* Cilo
*Arte:* PC Editorial Ltda.

Impresso no Brasil
*Printed in Brazil*
08.2017

**Dados Internacionais de Catalogação na Publicação (CIP)**

F959r  Führer, Maximilianus Cláudio Américo.
    Resumo de direito tributário / Maximilianus Cláudio Américo Führer, Maximiliano Roberto Ernesto Führer. – 26. ed., rev. e atuaL – São Paulo : Malheiros, 2017.
    144 p. ; 21 cm. – (Coleção Resumos ; 8)

    Inclui bibliografia e índice.
    ISBN 978-85-392-0380-2

    1. Direito tributário - Brasil - Sínteses, compêndios, etc. I. Führer, Maximiliano Roberto Ernesto. II. Título. II. Série.

CDU 34:336.2(81)
CDD 343.8104

**Índice para catálogo sistemático:**
1. Direito tributário : Brasil 34:336.2(81)

(Bibliotecária responsável: Sabrina Leal Araujo – CRB 10/1507)

# ABREVIATURAS

| | |
|---|---|
| CC | – Código Civil |
| CDC | – Código de Defesa do Consumidor |
| CF | – Constituição Federal |
| CP | – Código Penal |
| CPC | – Código de Processo Civil |
| CTN | – Código Tributário Nacional |
| D | – Decreto |
| DL | – Decreto-lei |
| EC | – Emenda Constitucional |
| *JB* | – *Jurisprudência Brasileira* |
| *JC* | – *Jurisprudência Catarinense* |
| *JM* | – *Jurisprudência Mineira* |
| *JSTJ/TRF* | – *Jurisprudência do Superior Tribunal de Justiça e Tribunais Regionais Federais* |
| *JTACSP* | – *Julgados do Tribunal de Alçada Civil de São Paulo* |
| *JTJ* | – *Jurisprudência do Tribunal de Justiça* |
| *IOB* | – *Informações Objetivas* |
| L | – Lei |
| LC | – Lei Complementar |
| LEF | – Lei de Execução Fiscal |
| LINDB | – Lei de Introdução às Normas do Direito Brasileiro (antiga Lei de Introdução ao Código Civil – LICC) |
| LRF | – Lei de Responsabilidade Fiscal |
| MP | – Ministério Público |
| *PJ* | – *Paraná Judiciário* |
| *RF* | – *Revista Forense* |
| *RJTJRGS* | – *Revista de Jurisprudência do Tribunal de Justiça do Rio Grande do Sul* |
| *RJTJRJ* | – *Revista de Jurisprudência do Tribunal de Justiça do Rio de Janeiro* |
| *RJTJSP* | – *Revista de Jurisprudência do Tribunal de Justiça de São Paulo* |
| *RSTJ* | – *Revista do Superior Tribunal de Justiça* |
| *RT* | – *Revista dos Tribunais* |
| *RTJE* | – *Revista Trimestral de Jurisprudência dos Estados* |
| *RTRF-3ª Reg.* | – *Revista do Tribunal Regional Federal-3ª Região* |
| STF | – Supremo Tribunal Federal |
| STJ | – Superior Tribunal de Justiça |

Proteja os animais.
Eles não falam mas sentem
e sofrem como você.

(De uma mensagem
da União Internacional Protetora dos Animais)

CONTATO

As mensagens podem ser enviadas para *malheiroseditores@terra.com.br* ou pelo fax: (11) 3168-5495.

# SUMÁRIO

## DIREITO FINANCEIRO

*BREVES NOÇÕES* .................................................................. 17
1. Competência legislativa ..................................................... 18
2. A receita ............................................................................ 18
3. O orçamento ...................................................................... 20
   *3.1 Os princípios do orçamento* ......................................... 20
   *3.2 As leis orçamentárias* .................................................. 21
   *3.3 O processo legislativo* ................................................. 21
4. A despesa .......................................................................... 22
   *4.1 As fases da despesa* .................................................... 23
5. Controle e fiscalização financeira ..................................... 23
   *5.1 Controle interno* ......................................................... 23
   *5.2 Controle externo* ........................................................ 24
   *5.3 O Ministério Público* .................................................. 24
6. A dívida pública ................................................................ 25
7. Administração orçamentária: a Lei de Responsabilidade Fiscal – LRF ..... 25
   *7.1 Administração do orçamento* ...................................... 26
      7.1.1 Renúncia fiscal ..................................................... 26
   *7.2 Administração da despesa pública*
      7.2.1 Aumento de despesa ............................................. 26
      7.2.2 Despesa obrigatória de caráter continuado .......... 27
      7.2.3 Despesas com pessoal .......................................... 28
         7.2.3.1 Controle das despesas com pessoal .............. 29
   *7.3 Socorro ao setor privado* ............................................. 29
   *7.4 Os limites da dívida pública* ....................................... 30
      7.4.1 Recondução da dívida aos limites ........................ 30
   *7.5 Os limites das operações de crédito* ........................... 31
   *7.6 A dívida pública e as instituições financeiras – Proibições e limitações* ................................................................. 31
   *7.7 As garantias* ................................................................ 32
   *7.8 O último ano do mandato* ........................................... 32
   *7.9 Os relatórios* ............................................................... 33

7.10 Novos projetos, novas obras, novos serviços ........... 33
7.11 O Conselho de Gestão Fiscal e os prêmios ............ 33

## DIREITO TRIBUTÁRIO

### PRIMEIRA PARTE – TEORIA GERAL

*I – INTRODUÇÃO*
1. Definição de tributo .................................. 37
2. Quais são os tributos ................................. 38
Quadro de tributos/Quadro de impostos ................... 41
3. Princípios tributários ................................ 42
4. Repartição das receitas tributárias ................... 44
5. Competência e capacidade tributária ................... 45
6. Domicílio ............................................. 46
7. Limitações ao poder de tributar ....................... 46

*II – LEGISLAÇÃO TRIBUTÁRIA*
1. Fontes do direito tributário .......................... 46
2. Vigência e aplicabilidade da lei ...................... 48
3. Interpretação da lei .................................. 49
4. Integração da lei tributária .......................... 50

*III – OBRIGAÇÃO TRIBUTÁRIA*
1. Fato gerador ......................................... 51
2. Aspectos do fato gerador ............................. 53
3. Sujeito ativo – Competência e capacidade tributária .. 53
4. Sujeito passivo – Contribuinte, responsável, substituição e transferência tributária ........................................ 54
5. Infrações tributárias administrativas ................ 56
   5.1 Casos de responsabilização pessoal na esfera administrativa ..... 57
6. Responsabilidade por crimes tributários .............. 57
7. Elisão, evasão, conluio .............................. 58

*IV – CRÉDITO TRIBUTÁRIO* ................................ 59
1. Lançamento ........................................... 60
   1.1 Modalidades de lançamento ........................ 61
2. Suspensão da exigibilidade do crédito tributário ..... 61
   2.1 Moratória ........................................ 62
   2.2 Depósito integral do valor do tributo ............ 62
   2.3 Reclamações e recursos no processo tributário administrativo .... 62
   2.4 Concessão de liminar em mandado de segurança ..... 62
   2.5 Outras modalidades de suspensão .................. 63
3. Extinção do crédito tributário ....................... 63
   3.1 Pagamento ........................................ 63

## SUMÁRIO

3.1.1 Pagamento indevido e restituição ............ 64
*3.2 Compensação* ............ 66
*3.3 Transação* ............ 66
*3.4 Remissão* ............ 66
*3.5 Decadência do direito de lançar e prescrição do direito de cobrar*
    3.5.1 Características especiais da decadência no direito tributário ... 66
    3.5.2 Prazo decadencial ............ 67
    3.5.3 Prazo para pagamento (interregno entre os prazos de decadência e prescrição) ............ 68
    3.5.4 Prazo prescricional ............ 69
    Quadro da decadência e da prescrição em direito tributário ............ 70
    3.5.5 Restituição do pagamento de créditos caducos e prescritos ... 70
*3.6 Conversão de depósito em renda* ............ 70
*3.7 Pagamento antecipado homologado* ............ 71
*3.8 Outras causas de extinção* ............ 71

**V – EXCLUSÃO DO CRÉDITO TRIBUTÁRIO**
1. Incidência. Não incidência ............ 71
2. Imunidade ............ 71
3. Isenção ............ 72
4. Anistia ............ 73

**VI – GARANTIAS E PRIVILÉGIOS DO CRÉDITO TRIBUTÁRIO** ............ 74

**VII – ADMINISTRAÇÃO TRIBUTÁRIA**
1. A administração tributária ............ 76
2. O sigilo bancário ............ 77
3. O instituto da consulta ............ 78

**VIII – PROCESSO ADMINISTRATIVO** ............ 78

**IX – PROCESSOS JUDICIAIS** ............ 79

**X – EXECUÇÃO FISCAL**
1. Generalidades ............ 80
2. Concurso de preferência entre Fazendas ............ 80
3. O Ministério Público ............ 80
4. Fazenda "versus" Fazenda ............ 81
5. Petição inicial ............ 81
6. Citação ............ 81
    *6.1 Se a citação se efetivar* ............ 81
    *6.2 Se a citação não se efetivar, mas forem encontrados bens* ............ 83
    *6.3 Se a citação não se efetivar e não forem encontrados bens* ............ 84
7. Os embargos do devedor ............ 84
Esquema da Execução Fiscal ............ 86

## SEGUNDA PARTE – **IMPOSTOS**

### I – IMPOSTOS
1. Quais são os impostos .................................................................. 87
2. Classificação dos impostos ........................................................... 88

### II – IMPOSTOS FEDERAIS
1. *Imposto de importação-II*
   - Competência ................................................................................ 89
   - Fato gerador ................................................................................. 89
   - Função extrafiscal ........................................................................ 90
   - Não anterioridade ........................................................................ 90
   - Alíquota ........................................................................................ 90
   - Território aduaneiro ..................................................................... 90
   - *Drawback* (retorno) ................................................................... 90
   - Cumulação de impostos ............................................................... 90
   - Legislação aplicável .................................................................... 90
   - Acordos tarifários internacionais ................................................ 90
2. *Imposto de exportação-IE*
   - Competência ................................................................................ 91
   - Fato gerador ................................................................................. 91
   - Função extrafiscal ........................................................................ 91
   - Não anterioridade ........................................................................ 91
   - Alíquota ........................................................................................ 91
   - Legislação aplicável .................................................................... 91
   - Não incidência do IPI .................................................................. 91
   - Não incidência do ICMS ............................................................. 91
   - Exportação direta ou indireta ...................................................... 91
3. *Imposto sobre a renda e proventos de qualquer natureza-IR*
   - Competência ................................................................................ 91
   - Fato gerador ................................................................................. 91
   - Renda ............................................................................................ 92
   - Proventos ..................................................................................... 92
   - Danos morais – Indenização ....................................................... 92
   - Sujeito passivo ............................................................................. 92
   - Legislação aplicável .................................................................... 92
4. *Imposto sobre produtos industrializados-IPI*
   - Competência ................................................................................ 92
   - Produtos industrializados ............................................................ 92
   - Fato gerador ................................................................................. 92
   - Seletividade .................................................................................. 93
   - Não cumulatividade ..................................................................... 93
   - Não anterioridade ........................................................................ 93
   - Não incidência na exportação ..................................................... 93
   - Legislação aplicável .................................................................... 93
5. *Imposto sobre operações de crédito, câmbio e seguro, ou relativas a títulos ou valores mobiliários (mais conhecido como "imposto sobre operações financeiras-IOF")*

## SUMÁRIO

Competência .................................................................. 93
Função extrafiscal ......................................................... 93
Fato gerador .................................................................. 93
Não anterioridade ......................................................... 94
Legislação aplicável ..................................................... 94
6. Imposto sobre a propriedade territorial rural-ITR
   Competência .............................................................. 94
   Fato gerador .............................................................. 94
   Propriedade, domínio útil ou posse de terra ............. 94
   Zona rural .................................................................. 94
   Seletividade ............................................................... 95
   Imunidade .................................................................. 95
   Isenção ...................................................................... 95
   Declarações que o contribuinte deve fazer .............. 95
   Cálculo do imposto .................................................... 95
   Como achar a base de cálculo, ou o VTNt ............... 96
   Valor da terra nua (VTN) ........................................... 96
   Área tributável ........................................................... 96
   Alíquota ..................................................................... 96
   Área aproveitável ...................................................... 96
   Área efetivamente utilizada ...................................... 96
7. O SIMPLES ................................................................ 97

### III – IMPOSTOS ESTADUAIS
1. Imposto sobre transmissão "causa mortis" e doação de quaisquer bens ou direitos-ITCMD (heranças e doações)
   Competência .............................................................. 98
   Fato gerador (nas heranças) ..................................... 99
   Fato gerador (nas doações) ...................................... 99
   Alíquotas .................................................................... 99
2. Imposto sobre operações relativas à circulação de mercadorias e sobre prestações de serviços de transporte interestadual e intermunicipal e de comunicação-ICMS ..................................................... 99
   Competência .............................................................. 99
   Não cumulatividade ................................................... 100
   Seletividade ............................................................... 100
   Circulação de mercadorias ....................................... 100
   Fato gerador na circulação de mercadorias ............ 100
   Venda de bens do ativo fixo ..................................... 101
   Outros fatos geradores ............................................. 101
   Substituição tributária ............................................... 102
   Base de cálculo ......................................................... 102
   ICMS sobre ICMS ..................................................... 103
   Alíquotas .................................................................... 104
   Operações mistas ..................................................... 104
   Cooperativas ............................................................. 105
3. Imposto sobre a propriedade de veículos automotores-IPVA
   Competência .............................................................. 105

Fato gerador ............................................................. 105
Base de cálculo ......................................................... 105
Seletividade ............................................................... 105
Repartição de receitas ................................................ 105
Obrigação *propter rem*, ou em razão da coisa ............ 105

## IV – IMPOSTOS MUNICIPAIS

*1. Imposto sobre a propriedade predial e territorial urbana-IPTU*
   Competência .............................................................. 105
   Fato gerador ............................................................... 106
   Zona urbana ............................................................... 106
   Base de cálculo .......................................................... 106
   Progressividade .......................................................... 106

*2. Imposto sobre a transmissão "inter vivos" de bens imóveis, por ato oneroso-ITBI (também conhecido como sisa)*
   Competência .............................................................. 107
   Fato gerador ............................................................... 107
   O imposto não incide ................................................. 107
   Alíquotas progressivas ............................................... 108
   Contribuinte ............................................................... 108

*3. Imposto sobre serviços de qualquer natureza-ISS*
   Legislação .................................................................. 108
   Competência .............................................................. 108
   Fato gerador ............................................................... 108
   Local da prestação de serviços .................................. 108
   Alíquota ..................................................................... 108
   Operações mistas ....................................................... 108
   Formas de tributação do ISS ..................................... 108
   Substituição tributária ................................................ 109
   *3.1 Lista de serviços anexa à Lei Complementar 116, de 31.7.2003* ..... 109

## TERCEIRA PARTE – CRIMES CONTRA A ORDEM TRIBUTÁRIA

1. Os crimes do art. 1º da Lei 8.137/90 .......................... 121
   *1.1 É necessário o fim do procedimento administrativo para o oferecimento da denúncia?* ..... 122
   *1.2 Suspensão da pretensão punitiva durante o parcelamento do débito* ..... 123
   *1.3 Extinção da punibilidade pelo pagamento do débito* ..... 123
   *1.4 O problema da tentativa* ..... 123
   *1.5 As condutas-meio do art. 1º da Lei 8.137/90* ..... 125
      1.5.1 Omitir informação, ou prestar declaração falsa às autoridades fazendárias ..... 125
      1.5.2 Fraudar a fiscalização tributária, inserindo elementos inexatos, ou omitindo operação de qualquer natureza, em documento ou livro exigido pela lei fiscal ..... 125

# SUMÁRIO

1.5.3 Falsificar ou alterar nota fiscal, fatura, duplicata, nota de venda, ou qualquer outro documento relativo à operação tributável ............................................................................. 126
1.5.4 Elaborar, distribuir, fornecer, emitir ou utilizar documento que saiba ou deva saber falso ou inexato ............................ 126
1.5.5 Negar ou deixar de fornecer, quando obrigatório, nota fiscal ou documento equivalente, relativa a venda de mercadoria ou prestação de serviço, efetivamente realizada, ou fornecê-la em desacordo com a legislação ............................................ 126
1.5.6 A falta de atendimento da exigência da autoridade, no prazo de 10 (dez) dias, que poderá ser convertido em horas em razão da maior ou menor complexidade da matéria ou da dificuldade quanto ao atendimento da exigência, caracteriza a infração prevista no inciso V ............................................. 127
2. Os crimes do art. 2º da Lei 8.137/90 ................................................ 128
   2.1 *Fazer declaração falsa ou omitir declaração sobre rendas, bens ou fatos, ou empregar outra fraude, para eximir-se, total ou parcialmente, de pagamento de tributo* ............................................ 128
   2.2 *Deixar de recolher, no prazo legal, valor de tributo ou de contribuição social, descontado ou cobrado, na qualidade de sujeito passivo de obrigação e que deveria recolher aos cofres públicos* ... 129
   2.3 *Exigir, pagar ou receber, para si ou para o contribuinte beneficiário, qualquer percentagem sobre a parcela dedutível ou deduzida de imposto ou de contribuição como incentivo fiscal* ................... 130
   2.4 *Deixar de aplicar, ou aplicar em desacordo com o estatuído, incentivo fiscal ou parcelas de imposto liberadas por órgão ou entidade de desenvolvimento* ............................................. 131
   2.5 *Utilizar ou divulgar programa de processamento de dados que permita ao sujeito passivo da obrigação tributária possuir informação contábil diversa daquela que é, por lei, fornecida à Fazenda Pública* ...................................................................... 132
3. Os crimes funcionais do art. 3º da Lei 8.137/90 ................................ 132
   3.1 *Extraviar livro oficial, processo fiscal ou qualquer documento, de que tenha a guarda em razão da função; sonegá-lo, ou inutilizá-lo, total ou parcialmente, acarretando pagamento indevido ou inexato de tributo ou contribuição social* ................................. 133
   3.2 *Exigir, solicitar ou receber, para si ou para outrem, direta ou indiretamente, ainda que fora da função ou antes de iniciar seu exercício, mas em razão dela, vantagem indevida; ou aceitar promessa de tal vantagem, para deixar de lançar ou cobrar tributo ou contribuição social, ou cobrá-los parcialmente* ..................... 134
   3.3 *Patrocinar, direta ou indiretamente, interesse privado perante a administração fazendária, valendo-se da qualidade de funcionário público* ...................................................................... 134
4. Extinção da punibilidade ............................................................... 135
5. Competência ................................................................................. 135

6. Responsabilidade penal .................................................................. 136
7. Princípio da insignificância ............................................................ 136

**BIBLIOGRAFIA** ........................................................................... 137

**ÍNDICE ALFABÉTICO-REMISSIVO** ............................................ 141

***DIREITO FINANCEIRO***

# DIREITO FINANCEIRO

*BREVES NOÇÕES: 1. Competência legislativa. 2. A receita. 3. O orçamento. 4. A despesa. 5. Controle e fiscalização financeira. 6. A dívida pública. 7. Administração orçamentária: a Lei de Responsabilidade Fiscal – LRF.*

## BREVES NOÇÕES

É possível detectar o germe do Estado na organização dos primeiros homens, para a caça e para a guerra. Desde o início, o ente estatal dirigiu suas atividades para suprir as chamadas necessidades públicas.

O conceito de necessidade pública e de bem comum varia muito conforme o tempo, o estágio de desenvolvimento e especialmente a vontade do governante que está no poder.

Houve época em que os interesses do Estado se confundiam com os do rei, como ocorreu na França do século XVII, onde o absolutismo atingiu sua forma mais desenvolvida (*L'État c'est moi*).[1]

O Estado liberal clássico se encarregava da Justiça, da ordem interna e da defesa das agressões externas (século XVIII, durante o Iluminismo). Por essa doutrina, não deveria o Estado se envolver com nenhum outro assunto. Porém, com a eclosão da Primeira Guerra Mundial e com o desmantelamento do tecido social, o Estado se viu obrigado a intervir e prestar assistência também nesta área.

1. "O Estado sou eu" – Luís XIV, que tinha o Sol como seu símbolo pessoal. Muito elogiado pelos historiadores pela sua habilidade para governar e o gosto pelo poder, o Rei Sol mantinha rotina diária impressionante, dedicando-se com afinco às coisas de governo e de lazer. Sua cunhada mandou para uma amiga uma descrição de um dia típico na Corte: "Caçamos toda a manhã, voltamos por volta de 3 horas da tarde, trocamo-nos, subimos para jogar até as 7, depois fomos à peça, que nunca acaba antes das 10:30 horas, então à janta e depois para o baile até às 3 da manhã (...). Assim vês quanto tempo tenho para escrever" (*História em Revista, Poderes da Coroa*, da equipe Time/Life, USA, 1992).

Dentre muitas outras, surgiu a doutrina marxista, onde o Estado, em um estágio inicial, deveria regrar e instruir quase todas as atividades da sociedade. Após o completo desenvolvimento do marxismo, a sociedade estaria em grau tão grande de igualdade que o Estado desapareceria, por desnecessário. Assim, para o marxismo, o fim (escopo) do Estado é o próprio fim (término) do Estado.

Atualmente, a doutrina neoliberal, de grande prestígio mundial, tenta retirar do Estado o maior número de incumbências e serviços, evitando ao máximo sua interferência nas leis de livre mercado.

Mas, de uma forma ou de outra e seja qual for o conceito de necessidade pública do momento, é fato que para prestar os seus serviços o Estado necessita de recursos financeiros. Consta que, de início, os recursos utilizados eram do próprio ente estatal, mas com o aumento das necessidades foi necessário avançar no patrimônio particular, cobrando tributos e tarifas ou confiscando bens.

Ou seja, foi necessário o desenvolvimento pelo Estado da atividade financeira, buscando dinheiro para atender às necessidades públicas.

O direito financeiro trata justamente do regramento jurídico da atividade financeira do Estado.

## 1. Competência legislativa

Embora algumas leis orgânicas municipais abordem a matéria, a competência para legislar sobre o direito tributário, financeiro e sobre orçamento é concorrente da União, Estados e Distrito Federal (art. 24, I e II, da CF).

Cabe à União legislar sobre normas gerais, mas o Estado mantém competência suplementar. Se não houver lei federal, o Estado fica com competência legislativa plena. Mas, sobrevindo a lei federal, somente serão válidas as disposições estaduais que não contrariem as federais recém-editadas.

## 2. A receita

Todo ingresso de dinheiro nos cofres públicos chama-se *entrada*. Entretanto, nem toda entrada compõe a *receita* do Estado. É que existem as *entradas provisórias*, que não estão destinadas a permanecer nos cofres públicos, como ocorre com a caução, a fiança e os empréstimos em geral. As *entradas definitivas* se realizam por meio da cobrança de tributos e dos preços públicos (tarifas).

As receitas são *extraordinárias* (auferidas nas hipóteses de anormalidade, como nos impostos extraordinários autorizados na CF, no caso de guerra externa ou sua iminência – art. 154, II, receitas aprovadas e arrecadadas no curso do exercício do orçamento) ou *ordinárias* (de entrada regular, periódica, receitas previstas no orçamento). Podem ser ainda *originárias* (ou facultativas, são oriundas do patrimônio do Estado e se traduzem nos preços cobrados), *derivadas* (também chamadas de compulsórias, advêm do constrangimento do patrimônio particular, como no caso da cobrança de tributos[2]) ou *transferidas* (repassadas por outro ente político, que as arrecadou, pelo sistema de cobrança de tributos, preços públicos ou tarifas). O sistema de repartição das receitas tributárias está nos arts. 157 e ss. da Constituição Federal.

Receita *gratuita* é aquela que o Fisco[3] arrecada sem nenhuma contrapartida, como na herança jacente; receita *contratual* deriva de um ajuste, como na compra e venda; e receita *obrigatória* é aquela arrecadada de forma vinculada, obrigatoriamente, como na cobrança dos tributos.

Quanto aos preços públicos ou tarifas, é costume classificá-los em *preços públicos propriamente ditos* (a arrecadação ocorre com prevalência do interesse do usuário do serviço; o Estado cobra valor reduzido ou nem cobra o serviço, como no caso do livro didático) ou *preços quase-privados* (quando o interesse primordial é o lucro do Estado, como na venda de álcool combustível).

A Constituição Federal regra a transferência de receitas, determinando que é vedada a retenção ou qualquer restrição à entrega e ao emprego dos recursos destinados à transferência (art. 160), embora a União e os Estados não estejam impedidos de condicionar a entrega ao pagamento de seus créditos (§ único do mesmo artigo).

Dois são os sistemas empregados para a arrecadação de tributos. Na *fiscalidade*, a atividade do Estado se volta única e exclusivamente para a entrada de numerário, sem qualquer outra preocupação. Já na *extrafiscalidade*, o Estado procura, através da concessão de incentivos fiscais, estimular determinado ramo de atividade ou determinada região, como ocorre com a Zona Franca de Manaus.

2. Do latim *tributum, i* – Aquilo que um Estado (ou tribo) pagava ao outro como sinal de vassalagem.
3. Do latim *Fiscus, i* – Cesta de junco ou vime que era usada para amassar uvas ou guardar dinheiro. Conta-se que os agentes romanos passavam entre os negociantes a cesta de vime para que depositassem ali a participação (forçada) de César. No sentido figurado, *fiscus* tomou o significado de Fazenda Pública.

Quando o ente político que detém a competência tributária outorga a terceiro a capacidade tributária, fala-se em *parafiscalidade*. É o caso da contribuição previdenciária. A União tem a competência para legislar sobre o assunto, mas outorgou ao INSS a capacidade para ser sujeito ativo da obrigação tributária.

## 3. O orçamento

Orçamento é a peça técnica que demonstra as contas públicas para um período determinado, contendo a discriminação da receita e da despesa, demonstrando a política econômico-financeira e o programa de trabalho do Governo, obedecidos os princípios de unidade, universalidade e anualidade.

Regulam o orçamento a Lei 4.320/64 (Normas gerais de Direito Financeiro) e a Lei Complementar 101/2000 (Lei de Responsabilidade Fiscal).

### 3.1 Os princípios do orçamento

Embora contenha uma infinidade de pequenos orçamentos setorizados, o orçamento, como peça técnica, é uno, englobando as contas de todos os escaninhos da Administração (*princípio da unidade*).

Todas as receitas e despesas devem estar inclusas no orçamento, sem exceção – art. 165, § 5º, da Constituição Federal (*princípio da universalidade*).

A lei orçamentária vigora por um único ano, de 1º de janeiro a 31 de dezembro (*princípio da anualidade*). Porém, a própria Constituição Federal prevê a lei do plano plurianual, para os programas de duração continuada. O período de 1º de janeiro a 31 de dezembro para vigência do orçamento não é estabelecido pela Constituição, que se refere apenas ao orçamento anual (art. 165, III). O importante é que sejam definidos o início e o término do exercício, de forma exata. O art. 34 da Lei 4.320/64 indica que o exercício financeiro coincidirá com o ano civil, que é o espaço de 12 meses contados do dia do início ao dia e mês correspondentes do ano seguinte (art. 1º da L 810/49).

Na verdade, o período que coincide com o ano-calendário é adotado apenas por costume.

Além dos três princípios orçamentários acima, referidos no art. 1º da lei do orçamento, a doutrina costuma apontar outros.

É vedada a vinculação de receita de imposto a órgão, fundo ou despesa (art. 167, IV). O Estado deve ser livre para aplicar recursos conforme os seus objetivos, sem ser obrigado a indicar exatamente qual órgão será beneficiário (*princípio da não afetação*).

Por *princípio da exclusividade* entende-se que a lei orçamentária anual não conterá dispositivo estranho à previsão da receita e à fixação da despesa, admitindo-se a inclusão de autorização para abertura de créditos suplementares e contratação de operações de crédito (art. 165, § 8º, da CF).

### 3.2 As leis orçamentárias

Não obstante haja sempre referência ao "orçamento", na realidade a Carta Magna prevê duas outras leis orçamentárias, além da lei orçamentária anual (art. 165, *caput*).

O plano plurianual estabelece, por região, as diretrizes da Administração para as despesas relativas aos programas de duração continuada. Contém o planejamento geral do Governo a médio prazo. Nenhum investimento que ultrapasse um exercício financeiro poderá ser iniciado sem prévia inclusão no plano plurianual.

A Lei das Diretrizes Orçamentárias conterá os planos para o exercício anual seguinte e balizará a confecção da lei orçamentária anual. Disporá, ainda, sobre equilíbrio nas contas públicas, critérios e formas de limitação de empenho, controle de custos, avaliação de resultados e as condições para a transferência de recursos. Fazem parte integrante da LDO o Anexo de Metas Fiscais e o Anexo de Riscos Fiscais.

O art. 165, I, e § 9º, da Constituição Federal, também prevê uma lei complementar estabelecendo normas gerais para a elaboração das leis orçamentárias, tendo-se editado nesse sentido a Lei Complementar 101/2000, denominada Lei de Responsabilidade Fiscal.

### 3.3 O processo legislativo

A iniciativa é exclusiva do Chefe do Executivo (art. 61, § 1º, II, "b", da CF), que deverá enviar os projetos das leis orçamentárias. O Judiciário faz o encaminhamento de sua proposta junto com o Executivo (arts. 84, XXIII, e 99, § 1º, da CF).

Se não receber a proposta orçamentária no prazo fixado pela legislação, o Poder Legislativo considerará como proposta a lei de orçamento vigente (art. 32 da L 4.320/64).

O projeto será apreciado pelas duas Casas do Congresso Nacional, cabendo a uma comissão mista emitir parecer. É possível a apresentação de emendas na comissão mista, que sobre elas também emitirá parecer.

Segue-se o processo legislativo comum, com as fases de aprovação, sanção, promulgação e publicação.

Muito já se discutiu sobre a situação jurídica resultante da rejeição total do projeto de orçamento anual enviado pelo Executivo. Outrora, forte corrente doutrinária defendia a pura e simples execução do orçamento anterior no novo exercício financeiro. Entretanto, diante do texto atual da CF essa posição tornou-se insustentável. Se rejeitado integralmente o projeto de lei orçamentária, cada despesa daquele exercício deverá ser precedida de autorização legislativa específica, que abra o respectivo crédito especial (art. 166, 8º, da CF).

## 4. A despesa

Toda despesa deve estar prevista no orçamento, sendo vedadas a realização de despesa ou a assunção de obrigações diretas que excedam os créditos orçamentários ou adicionais (art. 167, II, da CF).

Como se viu alhures, em princípio a destinação da receita é livre[4] (princípio da não afetação), sendo proibida a vinculação da receita de impostos a órgão, fundo ou despesa, com poucas exceções.[5]

No caso de despesas que não possam subordinar-se ao processo normal de aplicação, é permitido o regime de adiantamento, desde que expres-

---

4. CF, art. 167. "São vedados: (...); IV – a vinculação de receita de impostos a órgão, fundo ou despesa, ressalvadas a repartição do produto da arrecadação dos impostos a que se referem os arts. 158 e 159, a destinação de recursos para as ações e serviços públicos de saúde, para manutenção e desenvolvimento do ensino e para realização de atividades da administração tributária, como determinado, respectivamente, pelos arts. 198, § 2º, 212 e 37, XXII, e a prestação de garantias às operações de crédito por antecipação de receita, previstas no art. 165, § 8º, bem como o disposto no § 4º deste artigo" (inciso com redação determinada pela EC 42/2003).

5. Determina o art. 212 da CF a aplicação de percentuais mínimos pela União (18%), pelos Estados, Distrito Federal e Municípios (25%), da receita oriunda de transferências, na manutenção e desenvolvimento do ensino. Algumas ações civis públicas têm cobrado de prefeitos a não aplicação do percentual mínimo durante o mandato. Há entendimento de que é possível repassar o ônus da aplicação para o exercício e o mandato seguintes, fazendo-se uma espécie de compensação e transferindo o ônus para o prefeito posterior (RT 694/88). A posição praticamente elimina os meios de exigir o cumprimento da ordem constitucional no último ano de mandato. Por outro lado, é vedado aos Municípios, no mesmo período, assumir, por qualquer forma, compromissos financeiros para execução depois do término do mandato do prefeito (art. 59, § 2º, da L 4.320/64).

samente previsto em lei. Consiste na entrega de numerário ao servidor, que efetuará depois a despesa.

As despesas normalmente são classificadas em *correntes* (de custeio), que se destinam à manutenção da máquina administrativa, ou *de capital*, que englobam todas as demais despesas, como investimentos, obras, material permanente, etc. São também classificadas como *ordinárias* (despesas comuns) ou *extraordinárias* (de momento, anormais). A Lei 4.320/64 (art. 13) classifica exatamente quais são as despesas correntes e as despesas de capital.

## 4.1 As fases da despesa

A despesa passa por três fases:
a) empenho,
b) liquidação e
c) pagamento.

*Empenho* é o ato emanado de autoridade competente que cria para o Estado a obrigação de pagamento. O empenho antecede obrigatoriamente a despesa. Não pode o empenho exceder o crédito concedido. O empenho materializa-se em um documento denominado *nota de empenho*, onde constam o nome do credor, a representação e a importância da despesa e a dedução de seu valor do saldo da dotação própria.

*Liquidação* é a verificação do direito do credor ao respectivo crédito, com base no exame da documentação respectiva (a mercadoria foi recebida em ordem, as condições foram cumpridas, a documentação fiscal está correta, etc.). A liquidação se completa com uma *ordem de pagamento*, emitida pela autoridade competente. Encerra-se aqui propriamente a fase orçamentária/contábil da despesa, sendo o pagamento efetivo mera atividade financeira. Assim, finda a fase de liquidação, a despesa é considerada realizada.

O *pagamento* da despesa é realizado pela tesouraria ou pagadoria e consiste na entrega de numerário, mediante recibo.

## 5. Controle e fiscalização financeira

A Constituição Federal adotou os métodos interno e externo de controle orçamentário e financeiro.

### 5.1 Controle interno

O controle interno baseia-se na hierarquia. Cumpre à autoridade superior verificar a legalidade dos atos, a fidelidade funcional dos agentes da Administração, o cumprimento do programa de trabalho (art. 75 da L 4.320/64). "Os responsáveis pelo controle interno, ao tomarem conhecimento de qualquer irregularidade ou ilegalidade, dela darão ciência ao Tribunal de Contas, sob pena de responsabilidade solidária" (art. 74, § 1º, da CF).

O controle interno pode ser prévio, concomitante ou posterior.

### 5.2 Controle externo

No controle externo, que é exercido pelo Poder Legislativo, com o auxílio dos Tribunais de Contas, não há previsão de controle prévio, onde se exige o registro do ato antes da realização da despesa.

Os Tribunais de Contas podem aplicar aos responsáveis, em caso de ilegalidade de despesas ou irregularidade de contas, as sanções previstas em lei, como a multa proporcional ao dano causado ao erário. Podem também assinar prazo para que o órgão adote providências e representar ao Poder competente sobre irregularidades ou abusos (art. 71, VIII, IX e XI, da CF). A representação é feita ao Ministério Público.

Embora não julguem pessoas, mas apenas contas, os Tribunais de Contas poderão sustar a execução do ato impugnado. Suas decisões de que resulte imputação de débito ou multa terão eficácia de título executivo (art. 71, § 3º, da CF).

### 5.3 O Ministério Público

As decisões e pareceres dos Tribunais de Contas e os julgamentos do Legislativo que dão as contas como irregulares, bem como a grossa massa de denúncias de irregularidades, são enviados ao Ministério Público, que assumiu a função constitucional de grande fiscal da Administração, incumbindo-lhe a defesa larga do patrimônio público (art. 129, III, da CF).

Além de toda a gama de medidas judiciais corrigueiras, dispõe o promotor de justiça do inquérito civil e da ação civil pública para apurar responsabilidades e promover o ressarcimento do erário.

A Lei 8.429/92 (Lei de Improbidade) criou também a ação civil de reparação de dano por ato de improbidade, prevendo hipóteses de dano presumido.[6]

---

6. Sobre ação civil pública e ação civil de reparação de dano, veja o *Resumo de Direito Administrativo*.

## 6. A dívida pública

Sempre que o Estado vem ao mercado financeiro tomar dinheiro, surge uma dívida pública.

A dívida pública será *interna* se os recursos forem tomados de dentro do País. A dívida interna é cotada em moeda nacional. A dívida pública *externa* tem raízes no estrangeiro e geralmente é dimensionada em moedas fortes, com reflexos na balança de pagamentos.

A dívida pública poderá ser *fundada*[7] (empréstimos de médio e longo prazos)[8] ou *flutuante* (empréstimos de curto prazo, como nas antecipações de receita). A dívida fundada poderá ser perpétua (empréstimos não resgatáveis, correndo somente os juros), e, neste caso, é chamada de dívida *consolidada*.[9]

O não pagamento da dívida fundada por mais de dois anos consecutivos pode provocar intervenção no Estado ou no Município (arts. 34, V, "a", e 35, I, da CF).

O Senado Federal é o órgão controlador da dívida pública, cabendo-lhe autorizar operações financeiras externas, fixar limites globais para o montante da dívida consolidada e para as operações de crédito externo e interno, dispor sobre a concessão de garantias da União nas operações de crédito e estabelecer limites e condições para o montante da dívida mobiliária.

## 7. Administração orçamentária: a Lei de Responsabilidade Fiscal – LRF

A Lei Complementar 101, de 4.5.2000 – LRF, instituiu um modelo de Administração Pública voltado para a rigorosa busca do equilíbrio das contas públicas da União, dos Estados e dos Municípios, compreendendo o Executivo, o Legislativo, o Judiciário e o Ministério Público.

E a Lei 10.028, de 19.10.2000, completou a LRF, trazendo várias figuras de infrações penais e administrativas e inserindo alterações e acréscimos no Código Penal, na Lei 1.079/50 (responsabilidade do Presidente

---

7. Do inglês *funded*. Anota Celso Bastos que o termo decorre de uma circunstância histórica. Na Inglaterra, quando se contraíam empréstimos desta natureza, simultaneamente era instituído *um fundo* para garantir a operação.

8. Prazo superior a 12 meses (art. 29, I, da LRF).

9. A LRF utiliza a expressão "dívida consolidada" como se fosse mero sinônimo de dívida fundada (art. 29, I).

da República) e no Decreto-lei 201/67 (responsabilidade dos Prefeitos e Vereadores).

## 7.1 Administração do orçamento

Se no final de um bimestre se verificar que a receita pode não bastar para o cumprimento das metas constantes do Anexo de Metas Fiscais da Lei de Diretrizes Orçamentárias (LDO), a Administração deverá promover limitação de empenho e corte na movimentação financeira para corrigir a distorção. No caso de restabelecimento da receita haverá recomposição proporcional das dotações.[10]

Entretanto, não poderão sofrer limitação as despesas com as obrigações legais e constitucionais, o pagamento da dívida pública e os casos especiais previstos na LDO.

Caso o Judiciário, o Legislativo ou o Ministério Público não promovam os cortes necessários, o Executivo assume a tarefa, limitando os repasses, conforme previsão da LDO.

### 7.1.1 Renúncia fiscal

Somente serão admissíveis a anistia, remissão, subsídio, crédito presumido, isenção não geral, diminuição de alíquota ou de base de cálculo, que impliquem diminuição de receita tributária, quando houver previsão na LDO e demonstração de que o benefício não afetará as metas previstas ou, ainda, se houver compensação, via aumento da receita em decorrência de criação ou aumento de tributo.

Este mecanismo de limitação não se aplica para quatro impostos da União: Imposto de Importação, Imposto de Exportação, IPI e IOF. Isto significa que, enquanto os Estados e Municípios estão sujeitos a rigorosa rigidez orçamentária, a União pode utilizar seus principais impostos como poderoso instrumento de extrafiscalidade, com força suficiente para revolucionar rapidamente toda a economia nacional.

## 7.2 Administração da despesa pública

### 7.2.1 Aumento de despesa

Qualquer aumento de despesa decorrente de ação governamental deverá estar acompanhado de dois documentos.

---

10. Dotação é a quantia prevista no orçamento para determinado tipo de despesa.

1) **Demonstração do Impacto Financeiro** – demonstração financeira dos reflexos do aumento de despesa no Orçamento em vigor e nos dois subsequentes;

2) **Declaração de Responsabilidade** – declaração do ordenador da despesa de que ela tem adequação orçamentária (está coberta por crédito genérico já previsto no Orçamento) e é compatível com o plano plurianual e a LDO (harmônica com as diretrizes, objetivos, prioridades e metas previstos).

Tanto essa Demonstração como a Declaração são condições *sine qua non* para a abertura da licitação dos bens ou serviços pretendidos, para a emissão do empenho respectivo e para a desapropriação de imóveis urbanos.

Destaque-se que todo aumento de despesa realizado sem a Demonstração e sem a Declaração é considerado pela lei como "não autorizado, irregular e lesivo ao patrimônio público" (art. 15, *caput*). Essas presunções legais se prestam para induzir crime de responsabilidade, em sentido amplo, envolvendo inclusive os subalternos que tenham participado da execução da despesa, bem como ensejar ação civil de reparação de danos e perda de bens, por ato de improbidade (arts. 14 e ss. da L 8.429/92), já que o prejuízo para o patrimônio público é presumido.

Cria, assim, a lei um caso especial de fiscalização do administrador pelos seus próprios subordinados, que estão obrigados a entender como "não autorizado" o aumento de despesa desacompanhado da Demonstração e da Declaração.

Estarão, porém, a salvo das exigências (Demonstração e Declaração) as despesas consideradas irrelevantes pela LDO.

### 7.2.2 Despesa obrigatória de caráter continuado

Despesa obrigatória de caráter continuado é a despesa corrente[11] oriunda de lei, medida provisória ou ato administrativo cuja execução se dê por mais de dois exercícios.

Se houver aumento desta despesa o ato instituidor deverá ser acompanhado da estimativa do impacto financeiro, com a indicação clara da origem dos recursos de custeio, e de comprovação de que as metas previstas na LDO não serão afetadas.

---

11. Despesa corrente é aquela que se presta à manuteção e funcionamento da Administração. É o mesmo que despesa operacional. Opõe-se à despesa de capital, que tem como resultado ampliação do patrimônio.

Neste ponto, a LRF (art. 17, § 1º, c/c o § 5º) criou uma condição extra para aplicabilidade da lei ordinária e da medida provisória: a existência da estimativa do impacto financeiro e da comprovação supracitadas, que "integrarão o instrumento que cria ou aumenta".

Além disto, a criação ou o aumento deste tipo de despesa continuada somente poderão ser executados após a implementação das medidas compensatórias, que resultem aumento permanente de receita ou redução permanente de despesa, nos exercícios seguintes (art. 17, § 5º).

### 7.2.3 Despesas com pessoal

A lei impõe limites para as despesas realizadas com pessoal ativo e inativo, incluindo os valores dos contratos de terceirização de mão de obra, que sirvam para substituição de servidores e empregados públicos.

Estes limites são calculados quadrimestralmente, considerando a despesa do mês de referência somado aos 11 anteriores, observado o regime de competência.[12]

Assim, as despesas com pessoal não podem exceder os seguintes percentuais da receita corrente[13] líquida: 50% para a União e 60% para Estados e Municípios.

São também estabelecidas cotas máximas para cada Poder. Dos 50% da União, estão reservados 2,5% para o Legislativo, 6% para o Judiciário, 40,9% para o Executivo e 0,6% para o Ministério Público. Nos Estados, 3% para o Legislativo, 6% para o Judiciário, 49% para o Executivo e 2% para o Ministério Público. Nos Municípios, 6% para o Legislativo e 54% para o Executivo.

Algumas despesas não se incluem nestes limites, como ocorre com as indenizações por demissão, os incentivos à demissão voluntária e as despesas com pessoal decorrentes de convocação extraordinária do Congresso Nacional para votar matéria de urgência ou interesse público relevante.

---

12. Regime de competência é aquele que observa apenas a data do fato gerador da despesa (empenho), independentemente do efetivo pagamento, que poderá ocorrer no orçamento seguinte. Opõe-se ao regime de caixa, onde a despesa é considerada somente no exercício em que for efetuado o pagamento. No Brasil adota-se um regime misto: de caixa para as receitas e de competência para as despesas.

13. Receita corrente é aquela não originada de alienação de bem de capital, não definida legalmente como receita de capital e não vinculada a qualquer despesa de capital. Os impostos, em regra, são receitas correntes, comuns.

*7.2.3.1 Controle das despesas com pessoal* – A cada quatro meses os limites dos gastos com pessoal serão verificados.

A lei criou uma espécie de estado de alerta quando a despesa com pessoal se aproxima do limite máximo. Assim, se a despesa com pessoal atingir 95% do limite ficam automaticamente proibidos a concessão de aumento, criação de cargo, emprego ou função, alteração de carreira com aumento de despesa, provimento de cargo, admissão ou contratação de pessoal e horas extras.

Se, entretanto, os limites forem realmente excedidos além das medidas do "estado de alerta", deverá ser eliminado o excesso nos dois quadrimestres seguintes, podendo ser adotadas as seguintes medidas:

a) extinção de cargos e funções ou redução dos vencimentos respectivos;

b) redução da jornada de trabalho, com respectiva redução nos vencimentos;

c) redução de despesas com cargos em comissão e funções de confiança;

d) exoneração de servidores não estáveis;

e) exoneração dos servidores estáveis, com extinção dos respectivos cargos.

A última providência está autorizada apenas se as anteriores não se mostrarem suficientes. Ao estável é devida indenização equivalente a um mês de remuneração por ano de serviço. O cargo extinto desta maneira não poderá ser recriado nos próximos quatro anos (art. 169, § 6º, da CF).

Enquanto houver excesso não serão permitidas as transferências voluntárias,[14] as garantias e as operações de crédito, com exceção do refinanciamento da dívida mobiliária e financiamento de gastos com redução de despesas com pessoal.

*7.3 Socorro ao setor privado*

Determina a lei que qualquer destinação de recursos para o setor privado deverá ser autorizada por lei, ser compatível com a LDO e estar prevista no orçamento ou em crédito suplementar.

---

14. Entrega de recursos a outro ente da Federação, a título de cooperação, auxílio ou assistência financeira, que não decorra de determinação legal ou constitucional ou da sistemática do SUS.

A proibição abrange inclusive o socorro a instituições financeiras e empréstimos para recuperação e troca de controle acionário (art. 28, *caput*).

Mas ainda não foi desta vez que o Tesouro Público ficou a salvo das investidas das instituições financeiras. É que o § 2º do mesmo artigo autoriza o Banco Central a conceder redesconto ou empréstimo para instituições financeiras por prazo inferior a 360 dias, independentemente de lei, compatibilidade ou previsão orçamentária.

## 7.4 Os limites da dívida pública

Mediante proposta do Presidente da República (art. 52, VI, da CF), cumpre ao Senado Federal estabelecer limites máximos globais para:

1) a dívida pública consolidada[15] da União, Estados e Municípios;

2) operações de crédito interno e externo referentes aos entes públicos, bem como suas condições;

3) concessão de garantia da União em operações de crédito externo e interno, e suas condições;

4) a dívida mobiliária[16] dos Estados, do Distrito Federal e dos Municípios.

Os limites para a dívida pública mobiliária da União são estabelecidos mediante lei, cujo projeto é enviado pelo Presidente da República ao Congresso Nacional.

Tais limites são fixados em percentual da receita corrente líquida de cada ente da Federação e devem ser uniformes para cada esfera de governo.

### 7.4.1 Recondução da dívida aos limites

Os limites da dívida são verificados quadrimestralmente. Se houve excesso, ele poderá ser sanado em até três quadrimestres, mas no primeiro a redução já deve ser de 25%.

---

15. Para a LRF, dívida pública consolidada ou fundada é o total das obrigações financeiras com prazo de amortização superior a 12 meses.

16. Para a LRF, dívida pública mobiliária é a representada por títulos públicos da União, Estados e Municípios.

Durante esse período de recondução deve ser promovido resultado primário[17] suficiente para o retorno da dívida aos limites, podendo ocorrer inclusive a limitação de empenho.

Enquanto perdurar o excesso fica proibida a contratação de operação de crédito interna ou externa, com exceção do refinanciamento do principal da dívida mobiliária.

Esgotado o último quadrimestre do período de reajuste, fica o ente impedido de receber transferências voluntárias.

## 7.5 Os limites das operações de crédito

Cumpre ao Ministério da Fazenda verificar o cumprimento dos limites e condições das operações de crédito estabelecidos pelo Senado, mediante pedido fundamentado do ente estatal interessado na operação de crédito. O pedido deve ser instruído com vários documentos e demonstrações (art. 32).

A instituição financeira deve exigir a comprovação de que a operação atende às condições e limites estabelecidos, sob pena de sofrer enorme prejuízo. É que, no caso de não atendimento dos limites e condições estabelecidos pelo Senado, a operação é considerada nula e é cancelada, mediante a devolução singela do principal, proibido o pagamento de juros e encargos. Observe-se que esta devolução poderá ser feita apenas no exercício seguinte, mediante reserva específica.

Cria a lei, aqui, um mecanismo de controle difuso que, no caso, é exercido pela instituição financeira em relação à regularidade do ente tomador do empréstimo.

## 7.6 A dívida pública e as instituições financeiras
– Proibições e limitações

A partir de 5 de maio de 2002 o Banco Central foi proibido de emitir títulos da dívida pública.

É proibida a operação de crédito entre um ente da Federação e outro. Incluem-se na proibição a novação e o prolongamento da dívida, com a prorrogação dos vencimentos. Tenta a lei evitar o chamado "alongamento"

---

17. Resultado primário é a diferença entre receita e despesa, excluindo-se os valores referentes ao principal e aos juros da dívida pública. Já resultado nominal é o resultado singelo das receitas menos as despesas, incluindo a dívida pública.

da dívida dos Estados e dos Municípios com a União, operação que é tradicional em nosso país, fazendo parte dos usos e costumes políticos desde o Império.

O ente da Federação não pode contrair operação de crédito com a instituição financeira estatal da qual é controlador.

A antecipação de receita[18] é vedada enquanto pender operação igual anterior e também no último ano de mandato.

## 7.7 As garantias

Os entes federativos poderão prestar garantia nas operações de crédito envolvendo outra esfera de governo, mediante a apresentação de uma contragarantia, que poderá consistir em retenção de receitas destinadas à transferência, que serão utilizadas para o pagamento (art. 40, § 1º, II). A disposição se afigura inconstitucional no que se refere à parte das transferências cujo fim é vinculado, como ocorre no ensino (art. 212 da CF).

Esclarece a lei que, mesmo não prestada esta garantia de retenção, poderá o ente garantidor condicionar as transferências ao ressarcimento do pagamento.

Enquanto não houver o ressarcimento ao garantidor, fica suspenso o direito do tomador a novos créditos ou financiamentos.

## 7.8 O último ano do mandato

A Lei Complementar 101/2000 fez algumas restrições ao administrador durante o último ano de seu mandato.

É vedado contrair obrigações de despesa que não possam ser cumpridas integralmente no mesmo ano, ou que tenham parcelas a serem pagas no exercício seguinte, sem que haja adequada disponibilidade de caixa para tanto, já calculados todos os pagamentos previstos até o final do exercício.

Também é proibida a antecipação de receitas no último ano do mandato do Presidente, Governador ou Prefeito Municipal.

---

18. É a operação de crédito que tem por fim cobrir insuficiências de caixa durante um exercício financeiro. A instituição adianta o valor da arrecadação prevista, mediante o pagamento da taxa básica de juros prefixada e indexada aos índices oficiais. Deve ser liquidada até 10 de dezembro de cada ano.

É crime de responsabilidade captar recursos a título de antecipação de receita, de tributo ou contribuição cujo fato gerador ainda não tenha ocorrido (art. 10, item 10, da L 1.079/50, com a redação da L 10.028, de 19.10.2000).

Dispõe o § 3º do art. 31 que as restrições do § 1º (proibição de operações de crédito, limitação de empenho e outras medidas restritivas) aplicam-se imediatamente "se o montante da dívida exceder o limite no primeiro quadrimestre do último ano do mandato do Chefe do Poder Executivo". Mas o dispositivo causa perplexidade, já que a incidência imediata se aplica a todos os casos de excesso, em qualquer ano do mandato.

A Lei 4.320/64 também impõe uma limitação no último mês do mandato do Prefeito. É proibido empenhar mais do que o duodécimo (1/12) da despesa prevista no orçamento vigente (art. 59, § 1º).

## 7.9 Os relatórios

O regime contábil orçamentário é bastante complexo e trabalhoso, tanto que há até previsão de assistência técnica e cooperação da União para modernização e adaptação da Administração Financeira municipal.

Bimestralmente é exigido o Relatório Resumido da Execução Orçamentária (RREX), contendo o balanço orçamentário e vários demonstrativos.

Quadrimestralmente deve ser emitido o Relatório de Gestão Fiscal (RGF), que deve demonstrar o atendimento dos limites impostos pela lei, em especial da dívida pública, dos gastos com pessoal, concessões de garantias e operações de crédito, e as eventuais medidas adotadas para correção.

Anualmente deverão ser prestadas contas. Até o dia 30 de junho a União fará publicar a consolidação nacional das contas referentes ao exercício anterior.

A fiscalização da gestão fiscal fica a cargo do Legislativo, diretamente ou com auxílio dos Tribunais de Contas.

## 7.10 Novos projetos, novas obras, novos serviços

Os novos projetos somente poderão ser incluídos na lei orçamentária e nos créditos adicionais se já estiverem atendidos os projetos em andamento e supridas as despesas de conservação do patrimônio já existente.

## 7.11 O Conselho de Gestão Fiscal e os prêmios

Está prevista a criação de um Conselho de Gestão Fiscal, formado por representantes de todas as esferas de Governo e de todos os Poderes e do Ministério Público.

Suas funções são acompanhar e avaliar de maneira permanente a política fiscal e sua operação, bem como proceder à "premiação e reconhecimento público aos titulares de Poder que alcançarem méritos em suas políticas de desenvolvimento social, conjugados com a prática de uma gestão fiscal pautada pelas normas" dessa lei (art. 67, § 1º).

Evidentemente, essa exaltação pública e pessoal do administrador esbarra na norma constitucional que proíbe qualquer tipo de promoção pessoal na Administração Pública (art. 37, *caput*, da CF).

Por outro lado, o dispositivo causa alguma curiosidade, pois o texto parece dizer que merece um troféu quem conseguir governar um pouco, apesar de ter obedecido à Lei de Responsabilidade Fiscal.

*DIREITO TRIBUTÁRIO*

# PRIMEIRA PARTE

# TEORIA GERAL

*I – INTRODUÇÃO. II – LEGISLAÇÃO TRIBUTÁRIA. III – OBRIGAÇÃO TRIBUTÁRIA. IV – CRÉDITO TRIBUTÁRIO. V – EXCLUSÃO DO CRÉDITO TRIBUTÁRIO. VI – GARANTIAS E PRIVILÉGIOS DO CRÉDITO TRIBUTÁRIO. VII – ADMINISTRAÇÃO TRIBUTÁRIA. VIII – PROCESSO ADMINISTRATIVO. IX – PROCESSOS JUDICIAIS. X – EXECUÇÃO FISCAL.*

## I – INTRODUÇÃO

### 1. Definição de tributo

Tributo é uma prestação pecuniária compulsória, que não constitui sanção de ato ilícito,* instituída em lei e cobrada mediante atividade administrativa plenamente vinculada (CTN, L 5.172/66, art. 3º).

\* *"Pecunia non olet"*. Embora não constituam sanção (penalidade) de atos ilícitos, os tributos incidentes sobre fatos concretizados de forma ilícita também devem ser cobrados normalmente pelo Estado. Em função dos princípios da isonomia e da razoabilidade, não é possível privilegiar o infrator da lei, em detrimento do contribuinte que atua honestamente. Desta maneira, do negociante irregular devem ser cobrados os mesmos tributos arrecadados dos comerciantes legalmente estabelecidos, por exemplo. Este princípio, conhecido como *pecunia non olet* (dinheiro não cheira) tem fundamento em uma passagem do Imperador romano Tito Flávio Vespasiano (9-79 d.C.), relatada por Suetônio. Quando foi criticado por seu filho Tito pela criação de uma taxa sobre o uso dos banheiros públicos, Vespasiano pegou um punhado de moedas já arrecadadas e perguntou se Tito sentia algum cheiro. Diante da resposta negativa, Vespasiano completou, "no entanto, provém da urina" (*A Vida dos Doze Césares*, São Paulo, Martin Claret, 2013, p. 394). "O princípio *pecunia non olet* carrega consigo a ideia de igualdade de tratamento entre as pessoas que tenham capacidade contributiva semelhante, independentemente da maneira utilizada para alcançar essa disponibilidade econômica, isto é, não importa se os rendimentos tributáveis tenham ou não fonte lícita" (STJ, 5ª T., REsp 1.208.583-ES, 2010/0162642, rel. Min. Laurita Vaz , j. 4.12.2012, *DJ*-e 11.12.2012).

Caracteriza-se o tributo pela compulsoriedade, pelo pagamento em dinheiro ou valor equivalente,[1] pelo seu caráter não punitivo, pela previsão legal e pela sua cobrança vinculada, sem margem de discricionariedade.[2]

Qualifica-se cada tributo pelo fato que lhe dá origem (fato gerador), e não pela sua destinação ou pelos nomes eventualmente adotados pela lei (CTN, art. 4º).

## 2. Quais são os tributos

Há textos legais que dividem os tributos em impostos, taxas e contribuições de melhoria (CF, art. 145; CTN, art. 5º).

Mas devem também ser considerados tributos os empréstimos compulsórios e as contribuições sociais (também chamadas especiais ou parafiscais).

Por isso, na verdade, dividem-se os tributos em quatro categorias: *impostos*, *taxas*, *empréstimos compulsórios* e *contribuições*, sendo estas últimas subdivididas em contribuição de melhoria e contribuições sociais.

*Imposto* é um tributo de caráter genérico que independe de qualquer atividade ou serviço do poder público em relação ao contribuinte.

O imposto é simplesmente exigido, sem contraprestação e sem indicação prévia sobre a sua destinação. A aplicação posterior será para o custeio da administração, e para serviços em benefício de toda a comunidade, em geral, como ocorre, por exemplo, com os serviços de saúde pública, sem destinatário específico.

Dispõe o art. 16 do Código Tributário Nacional que "imposto é o tributo cuja obrigação tem por fato gerador uma situação independente de qualquer atividade estatal específica, relativa ao contribuinte".

*Taxa* é um tributo relacionado com a prestação de algum serviço público para um beneficiário identificado ou identificável. O serviço pode ser efetivo ou potencial, considerando-se como potencial o serviço posto à disposição, ainda que não utilizado.[3]

---

1. O tributo também poderia ser pago em espécie, em vez de ser pago em dinheiro. Para tanto, porém é necessário lei que autorize essa forma de pagamento, o que raramente acontece.

2. Chama-se *ato administrativo vinculado* aquele que não deixa margem para o administrador escolher conveniência e a oportunidade do ato. No *ato discricionário*, ao contrário, o administrador tem certa liberdade para escolher a conveniência e oportunidade do ato.

3. O consumo mínimo de água tratada seria um exemplo de serviço potencial, cobrado mesmo sem a utilização efetiva.

A taxa pode também estar relacionada com atividade estatal de polícia (poder de polícia), que abrange licenciamentos e fiscalizações em geral. Como dispõe o art. 77 do Código Tributário Nacional, taxa é o tributo cobrado em razão de atos decorrentes do poder de polícia ou da utilização efetiva ou potencial de serviço público específico e divisível, prestado ao contribuinte ou posto à sua disposição.

Serviço específico é um serviço definido e delimitado a uma determinada pessoa ou grupo de pessoas. Ou, como dizem os autores, serviço específico é o de espécie definida e prestado em unidades autônomas, uma para cada contribuinte.

Serviço divisível é o que pode ser medido, de acordo com o que foi prestado a cada beneficiário. A doutrina dá o nome de serviços *uti singuli* aos serviços que podem ser divididos e individualizados, como, por exemplo, os serviços de água e de luz domiciliar.*

E dá o nome de serviços *uti universi* aos serviços não divisíveis e não individualizáveis, como os referentes à segurança pública e à construção de rodovias ou à iluminação das ruas.

As partículas latinas *ut* ou *uti* significam *de que modo*, ou seja, *uti universi*, de modo geral ou indefinido, ou universal.

Em princípio, os serviços *uti singuli* devem ser cobrados por taxa ou tarifa (ver, logo adiante, a diferença entre taxa e tarifa). E os serviços *uti universi* devem ser custeados por imposto.

Os serviços *uti singuli*, ou individualizáveis, dividem-se em compulsórios ou facultativos.

*Compulsórios* são os serviços que o beneficiário não pode recusar, como o serviço de esgoto. Os serviços compulsórios são remunerados por taxa (tributo). Entende-se que os serviços compulsórios não podem ser suprimidos por falta de pagamento, devendo ser cobrados, se for o caso, por via judicial.

*Facultativos* são os serviços que o beneficiário pode aceitar ou recusar, como o serviço de telefone. Os serviços facultativos são remunerados por tarifa ou preço público, podendo ser cortados por falta de pagamento. Tarifa e preço público significam a mesma coisa.

Não é muito clara a questão de se saber se o serviço deve ser cobrado por taxa ou por tarifa. A escolha varia um tanto, conforme a época e a conjuntura política do Estado. Tem-se entendido, de um modo geral, que no caso de ato de império, de imposição do Estado, trata-se de taxa. Se, ao

---

* **Taxa de Lixo**: "A taxa cobrada exclusivamente em razão dos serviços públicos de coleta, remoção e tratamento ou destinação de lixo ou resíduos provenientes de imóveis, não viola o artigo 145, II, da Constituição Federal" (Súmula Vinculante 19-STF).

contrário, o ato tem caráter contratual, em regime de direito privado, trata-se de tarifa ou preço público.[4]

NOTA. *O pedágio.* Há uma certa dúvida sobre a natureza do pedágio. A maioria entende que se trata de taxa de serviço (serviço de conservação de via pública). Para outros, porém, o pedágio é uma taxa de uso de bem público, e para outros ainda, uma contribuição especial.

Para o STF, entretanto, trata-se de *preço público,* pois o pedágio é cobrado pela efetiva e voluntária utilização de rodovias conservadas pelo Poder Público. Assim, o pedágio não se sujeitaria aos princípios da legalidade estrita e anterioridade (ADI 800-RS, Pleno, rel. Min. Teori Zavascki, j. 11.6.2014, *DJe* 1.7.2014). Nesse julgamento, o fator decisivo para a definição da natureza foi o aspecto compulsório (taxa) ou voluntário (preço público) do uso do serviço.

*Empréstimo compulsório* é um tributo qualificado pela promessa de restituição. De acordo com uma corrente, o empréstimo compulsório teria natureza de contrato, embora ditado ou coativo. A maioria, porém, coloca o empréstimo compulsório entre os tributos.

*Contribuição de melhoria* é um tributo sobre a valorização de imóvel particular, em decorrência de obras públicas realizadas.

"A contribuição de melhoria cobrada pela União, pelos Estados, pelo Distrito Federal ou pelos Municípios, no âmbito de suas respectivas atribuições, é instituída para fazer face ao custo de obras públicas de que decorra valorização imobiliária, tendo como limite total a despesa realizada e como limite individual o acréscimo de valor que da obra resultar para cada imóvel beneficiado" (art. 81 do CTN).

A contribuição de melhoria, embora de nome semelhante, tem natureza bem diversa das outras contribuições.

*Contribuições sociais,* também denominadas especiais ou parafiscais, são tributos destinados à coleta de recursos para certas áreas de interesse do poder público, na Administração direta ou indireta, ou na atividade de entes que colaboram com a Administração.

A contribuição social tem destinação certa, sendo recolhida com uma finalidade predeterminada, indicada na lei que a instituiu.

Exemplos de contribuições sociais (especiais ou parafiscais) são as contribuições para a seguridade social (CF, art. 149), para o salário-educação (CF, art. 212, § 5º), para órgãos profissionais, como a OAB (CF, art. 149), ou para outros entes, de colaboração com o poder público, como o SENAI (CF, art. 240).

As leis referentes às contribuições sociais não têm seguido um padrão homogêneo, devendo ser examinadas caso a caso. Como observa Ruy Bar-

---

4. O STF tem decidido que o fornecimento de água é retribuído mediante preço público ou tarifa, e não taxa (RE 201.630-DF, de 17.12.2000, rel. Min. Ellen Gracie; v. tb. RE 54.491-PE, 85.268-PR).

bosa Nogueira (*Curso de Direito Tributário*, p. 178), tais contribuições até hoje não comportaram uma sistematização.

TRIBUTOS
- impostos
- taxas
- empréstimos compulsórios
- contribuições
  - de melhoria
  - sociais (especiais ou parafiscais)

| QUADRO DE TRIBUTOS ||
|---|---|
| competência da UNIÃO | competência dos ESTADOS, DISTRITO FEDERAL E MUNICÍPIOS |
| impostos | impostos |
| taxas | taxas |
| contribuição de melhoria | contribuição de melhoria |
| contribuições sociais diversas (arts. 149; 195, § 6º; 212, § 5º; e 240 da CF) | só contribuição social previdenciária, cobrada de seus servidores, em beneficio destes (art. 149, § 1º, da CF) |
| empréstimos compulsórios | |

| QUADRO DE IMPOSTOS |||
|---|---|---|
| FEDERAIS | ESTADUAIS | MUNICIPAIS |
| Importação (II) | Transmissão *causa mortis* e doações (ITCMD) | Propriedade predial e territorial urbana (IPTU) |
| Exportação (IE) | | |
| Produtos industrializados (IPI) | Circulação de mercadorias e sobre prestações de serviços de transporte interestadual e intermunicipal e de comunicação (ICMS) | Transmissão (onerosa) *inter vivos* de bens imóveis (ITBI) |
| Operações de crédito, câmbio e seguro ou relativas a títulos ou valores mobiliários (IOF) | | Serviços de qualquer natureza (ISS) |
| Renda (IR) | Propriedade de veículos automotores (IPVA) | |
| Propriedade territorial rural (ITR) | | |

> *Nota 1* – Ao Distrito Federal cabem tanto os impostos estaduais como os municipais (arts. 32, § 1º, e 147 da CF) (art. 18, II, do CTN).
>
> *Nota II* – IPI, II, IE e IOF não se sujeitam ao princípio da anterioridade.

### 3. Princípios tributários

Os tributos devem seguir os princípios abaixo arrolados.

*Estrita legalidade.* Tributo só pode ser criado ou aumentado por lei (CF, art. 150, I).[5] Uma corrente nega a possibilidade de disposições sobre o assunto através de medida provisória. Outra corrente, porém, entende que eventuais disposições tributárias por medida provisória são válidas, a partir de sua edição, desde que se suceda oportuna conversão em lei.

Tem-se entendido que as obrigações fiscais acessórias podem ser exigidas por simples medidas administrativas, como decretos e portarias. Entre as obrigações acessórias, ou não patrimoniais, está, por exemplo, a exibição de papéis e livros.

*Anterioridade.* Pelo princípio da anterioridade, a lei que cria ou aumenta tributo só vale a partir do dia 1º de janeiro do ano seguinte ao de sua publicação, salvo exceções expressas (CF, art. 150, III, "b").

A EC 42, de 19.12.2003, agregou o princípio da *noventena* ao princípio da anterioridade. Em qualquer caso, sem prejuízo do princípio da anterioridade, a aplicação do tributo só pode ocorrer após 90 dias da edição da lei respectiva (CF, art. 150, III, "c", na redação da EC 42).

Entre as exceções citam-se, por exemplo, casos de calamidade pública ou de guerra (CF, arts. 148, I, e 154, II), ou a contribuição para a seguridade social, que pode ser cobrada em 90 dias da data da publicação da lei (CF, art. 195, § 6º).

Não se sujeitam também ao princípio da anterioridade os seguintes impostos: produtos industrializados (IPI), importação (II), exportação (IE) e operações financeiras (IOF) (CF, art. 150, § 1º).

Na Constituição Federal de 1946 (art. 141, § 34), além do princípio da anterioridade, havia ainda o agora abolido *princípio da anualidade*, segun-

---

5. Este princípio também é conhecido por *reserva legal*. Somente a lei pode criar ou alterar tributos.

Em certos casos, o Poder Executivo pode alterar alíquotas ou bases de cálculo, mas sempre nas condições e limites estabelecidos em lei (CTN, art. 97).

do o qual, em cada exercício, o tributo tinha que estar também incluído na receita do respectivo orçamento público.

Mas hoje vigora apenas o princípio da anterioridade, e não mais o da anualidade.

*Irretroatividade.* A lei tributária só vale em relação a fatos geradores ocorridos depois do início da vigência da lei que os houver instituído ou aumentado (CF, art. 150, III, "a"). Admite-se, porém, a retroatividade quando favorece o contribuinte (retroatividade benéfica) (art. 106 do CTN).

*Isonomia.* A lei, em princípio, não deve dar tratamento desigual a contribuintes que se encontrem em situação equivalente (CF, art. 150, II).

*Capacidade contributiva.* Mas faz parte da isonomia, também, tratar os desiguais de modo desigual, devendo, assim, o tributo ser cobrado de acordo com as possibilidades de cada um (CF, art. 145, § 1º).

*Vedação de efeitos confiscatórios.* O tributo deve ser razoável, não podendo ser tão oneroso que chegue a representar um verdadeiro confisco (CF, art. 150, IV).

*Imunidade recíproca das esferas públicas.* A União, os Estados, o Distrito Federal e os Municípios não podem instituir impostos sobre patrimônio, renda ou serviço, uns dos outros (CF, art. 150, VI, "a").

*Imunidade de tráfego.* Não pode a lei tributária limitar o tráfego interestadual ou intermunicipal de pessoas ou bens, salvo o pedágio de via conservada pelo poder público (CF, art. 150, V; CTN, art. 9º, III). A regra não proíbe a cobrança dos tributos usuais, mas apenas eventual cobrança pela simples travessia de fronteiras estaduais ou municipais.

*Uniformidade nacional.* O tributo da União deve ser igual em todo o território nacional, sem distinção entre os Estados (CF, art. 151, I).

*Vedação de distinção em razão de procedência ou destino.* É vedado aos Estados, ao Distrito Federal e aos Municípios estabelecer diferença tributária entre bens e serviços, de qualquer natureza, em razão de sua procedência ou destino (CF, art. 152).

*Não cumulatividade.* Pelo princípio da não cumulatividade, compensa-se o tributo que for devido em cada operação com o montante cobrado nas anteriores.

Este princípio não é geral, sendo aplicado apenas no IPI, no ICMS e em eventuais impostos que vierem a ser criados pela União, na sua competência residual (CF, arts. 153, § 3º, II; 155, § 2º, I; e 154, I).

Na apuração contábil do IPI e do ICMS, o imposto a ser pago é lançado como débito, e o que já foi pago nas operações anteriores é lançado na coluna dos créditos. A diferença entre esses débitos e créditos é o que efetivamente deve ser recolhido em determinado período.

*Tipicidade*. De acordo com o princípio da tipicidade, o tributo só incide no caso de fato ou situação típica, ou seja, de fato ou situação previamente descrita em lei.

Os princípios tributários podem ser considerados como uma forma de *limitações ao poder de tributar*.

PRINCÍPIOS TRIBUTÁRIOS
- *estrita legalidade (reserva legal)*
- *anterioridade*
- *irretroatividade*
- *isonomia*
- *capacidade contributiva*
- *vedação de efeitos confiscatórios*
- *imunidade recíproca das esferas públicas*
- *imunidade de tráfego*
- *uniformidade nacional*
- *vedação de distinção em razão de procedência ou destino*
- *não cumulatividade (IPI, ICMS)*
- *tipicidade*

## 4. Repartição das receitas tributárias

Muitas vezes os tributos arrecadados por um ente público devem ser repassados para outros entes públicos, de modo total ou parcial.

O art. 157, I, da Constituição Federal, por exemplo, determina que pertence aos Estados o produto da arrecadação do IR incidente na fonte sobre rendimentos pagos por autarquias ou fundações públicas estaduais.

A União deve repassar para os Municípios 50% do ITR relativamente aos imóveis neles situados (CF, art. 158, II). O Estado deve repassar para os Municípios 50% do IPVA arrecadado em seus territórios (CF, art. 158, III).

Os recursos não podem ser retidos pelo ente público que deve repassá--los. Mas o repasse pode ser condicionado ao pagamento de créditos devidos ao repassante ou suas autarquias (CF, art. 160 e seu § único).

## 5. Competência e capacidade tributária

A *competência tributária* envolve não só o poder de fiscalizar e cobrar tributos, mas também o de legislar a respeito. Não tem competência tributária o ente público desprovido de poder legislativo.

Assim, a competência tributária, em estrito sentido legal, pertence exclusivamente à União, aos Estados, ao Distrito Federal e aos Municípios.

A *capacidade tributária* é um outro conceito, que envolve apenas a fiscalização e a cobrança, por delegação, sem poder de legislar. Neste caso está, por exemplo, o INSS.

A atribuição de arrecadar tributos a pessoa de direito privado não constitui delegação, mas apenas uma relação contratual (CTN, art. 7º, § 3º).

A competência é *privativa* quando pertence a uma só entidade, como no caso do ISS, que é atribuído aos Municípios. É *comum* quando pertinente a todas as entidades, como é o caso das taxas e contribuições de melhoria, dentro da área de atuação de cada uma.*

A competência é *concorrente* quando atribuída aos Municípios, aos Estados e à União, ficando esta com o direito de editar as normas gerais e os outros entes, as normas suplementares.

Na omissão da União, podem os outros entes públicos editar também as normas gerais, válidas enquanto perdurar referida omissão (CF, art. 24, §§ 3º e 4º).

*Competência residual* é a faculdade, dada à União, de criar outros impostos, por lei complementar, além dos previstos no art. 153 da Constituição Federal, desde que não cumulativos e com fato gerador diverso dos impostos existentes (CF, art. 154, I).

*Competência extraordinária* é a referente a impostos que podem ser criados pela União, no caso de guerra (CF, art. 154, II).

COMPETÊNCIA
- *privativa*
- *comum*
- *concorrente*
- *residual*
- *extraordinária*

***Taxa** vs. **Imposto**: "É constitucional a adoção, no cálculo do valor de taxa, de um ou mais elementos da base de cálculo própria de determinado imposto, desde que não haja integral identidade entre uma base e outra" (Súmula Vinculante 29-STF).

## 6. Domicílio

Domicílio é o lugar onde a pessoa reside com o ânimo definitivo ou o lugar onde mantenha o centro de suas ocupações; ou, ainda, o lugar onde responde por suas obrigações (CC, arts. 70 a 72, 74, 76 e 77).

Quem não tem residência fixa ou centro de ocupações habituais terá como domicílio o lugar onde for encontrado (CC, art. 73). O domicílio das pessoas jurídicas de direito privado é a sede das mesmas, ou as filiais, para os atos ali praticados (CC, art. 75).

Conforme o tributo, cada estabelecimento poderá ser o domicílio. No ISS, por exemplo, domicílio é cada estabelecimento prestador de serviços ou, na construção civil, o local da execução da obra.

Não cabendo a aplicação dos critérios usuais, domicílio será o lugar da situação dos bens ou da ocorrência dos atos ou fatos que deram origem à obrigação (CTN, art. 127, § 1º).

Na lei tributária prevalece o domicílio que o contribuinte indicar. O Código Tributário Nacional menciona em primeiro lugar o domicílio de eleição, que é o de livre indicação da pessoa (art. 127).

Mas a indicação pode não ser aceita se dificultar a arrecadação ou a fiscalização do tributo (CTN, art. 127, § 2º).

As pessoas jurídicas de direito público têm como domicílio qualquer de suas repartições no território da entidade tributante (CTN, art. 127, III).

## 7. Limitações ao poder de tributar

O poder de tributar é limitado pelos princípios gerais tributários, pelas vedações constitucionais (CF, arts. 150 a 152), e, ainda, pelas imunidades tributárias. E também por todo o conjunto de regras adequadas a cada matéria.

É, portanto, equivocada a ideia de que as limitações ao poder de tributar se restringem aos princípios gerais de direito tributário.

## II – LEGISLAÇÃO TRIBUTÁRIA

### 1. Fontes do direito tributário

*Fontes materiais* do direito tributário são os atos e situações que dão origem à obrigação tributária.

*Fontes formais* são o conjunto de normas que incidem sobre os atos e situações.

Classificam-se as fontes formais em principais, secundárias e indiretas.

*Fontes formais principais* são as leis, em sentido amplo, nas suas várias formas legislativas. Compreendem a Constituição Federal, as Constituições Estaduais, Emendas às Constituições, leis complementares, leis ordinárias, leis delegadas, decretos legislativos, resoluções e tratados.[6]

Certos tributos só podem ser criados por lei complementar, como, por exemplo, o empréstimo compulsório para atender a despesas extraordinárias (CF, art. 148, I).

Para alguns autores, a medida provisória não pode criar tributo, por não ser lei. A maioria, porém, entende que não há impedimento, porque a medida provisória tem força de lei, ainda que restrita no tempo.

*Fontes formais secundárias* são os atos administrativos normativos, como decretos, regulamentos, atos, instruções, circulares, portarias, ordens de serviço, etc. Incluem-se também os costumes administrativos e os convênios entre órgãos estatais (CTN, art. 100).

*Fontes formais indiretas* são a doutrina e a jurisprudência. A doutrina é a lição dos mestres e estudiosos, com seus livros, palestras, artigos e pareceres. Jurisprudência é a interpretação da lei dada pelo Judiciário.

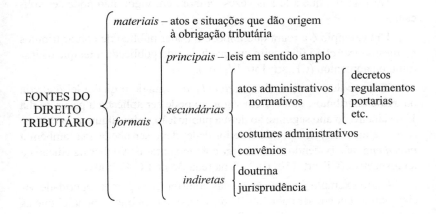

6. Sobre as características de cada uma desses normas, v. da Coleção Resumos, o vol. 3 *Resumo de Direito Civil* e o vol. 10 *Resumo de Direito Constitucional*, desta Editora.

## 2. Vigência e aplicabilidade da lei

*Vigência.* A lei está em vigor no momento em que completa os trâmites para a sua formação; em regra, com a sanção do Poder Executivo e a publicação no órgão oficial. Como bem define Celso Bastos, a lei vigente é a lei pronta e acabada.[7]

As leis costumam indicar a data em que entrarão em vigor, geralmente na data da publicação ("esta lei entrará em vigor na data de sua publicação, revogadas as disposições em contrário").

Mas se uma lei nada dispuser a respeito, entrará ela em vigor, no território nacional, 45 dias após a publicação. Fora do País o prazo é de 3 meses (LINDB, art. 1º).

O espaço de tempo compreendido entre a publicação da lei e a data fixada para a sua entrada em vigor denomina-se *vacatio legis* (a vacância da lei).

*Aplicabilidade.* O conceito de vigência não se confunde com o conceito de aplicabilidade.

A vigência da lei compreende o esgotamento das etapas para a sua existência, inclusive publicação e transcurso de eventual prazo de *vacatio legis*.

A aplicabilidade, por sua vez, refere-se à possibilidade de aplicação da lei vigente a um caso concreto.

Decorre daí que a lei, às vezes, embora em vigor, não pode ser aplicada.

Um exemplo é a regra que impede o poder público de cobrar tributos no mesmo exercício financeiro em que haja sido publicada a lei que os instituiu ou aumentou (CF, art. 150, III, "b").

Trata-se do *princípio da anterioridade*, segundo o qual a lei que cria ou aumenta tributos, embora em vigor, só pode ser aplicada a partir do dia 1º de janeiro do ano seguinte ao de sua publicação, salvo algumas exceções. Sem prejuízo do princípio da anterioridade, deve ser obedecida também a *noventena*, não podendo o tributo ser cobrado antes de 90 dias da edição da lei respectiva (CF, art. 150, III, "c", na redação da EC 42/2003).

Outro exemplo é a *noventena* das contribuições para a seguridade social, que só podem ser cobradas 90 dias depois da publicação da lei que as instituiu ou modificou (CF, art. 195, § 6º).

---

7. Celso Ribeiro Bastos, *Curso de Direito Financeiro e de Direito Tributário*, 4ª ed., SP, Saraiva, 1995, p. 177.

| LEI VIGENTE | – lei pronta e acabada |
|---|---|
| LEI APLICÁVEL | – lei que, além de estar em vigor, não tem impedimento para ser aplicada ao caso concreto |

De acordo com o *princípio da irretroatividade*, as leis não se aplicam a fatos do passado, mas apenas aos fatos presentes e futuros.

A lei só pode retroagir quando for meramente interpretativa, ou cominar pena menos severa, ou for mais benéfica, de algum modo (CTN, art. 106).

A lei nova terá de respeitar sempre o direito adquirido, o ato jurídico perfeito e a coisa julgada (CF, art. 5º, XXXVI). *Direito adquirido* é a situação definitivamente constituída no regime da lei anterior. *Ato jurídico perfeito* é o já consumado segundo lei anterior. *Coisa julgada* é a qualidade que a decisão judicial adquire de ser imutável depois que dela não couber mais recurso.

## 3. Interpretação da lei

A interpretação da lei poder ser:

*Autêntica*, quando o seu sentido é explicado por outra lei, ou por dispositivo específico da mesma lei.

*Doutrinária*, quando provém das lições de juristas, professores e estudiosos, por meio de livros, artigos, aulas, palestras, etc.

*Jurisprudencial*, dada pelo Judiciário, na aplicação da lei aos casos concretos.

*Gramatical ou literal*, baseada nas regras da Gramática.

*Lógica*, quando procura reconstruir o pensamento do legislador, conciliando aparentes contradições.

*Histórica*, que procura analisar a lei em relação ao momento social em que foi editada.

*Sistemática*, que procura harmonizar o texto da lei com o resto do sistema jurídico.

*De direito comparado*, que estabelece, dentro do possível, um confronto da lei nacional com as leis de outros países.

*Extensiva*, quando se procura ampliar o sentido da lei, para abranger casos semelhantes.

*Restritiva*, quando se procura conter o texto, de modo estrito, para que não alcance outras situações.

*Teleológica ou social*, quando procura entender para que fins a lei foi editada.

A interpretação deve ser literal ou gramatical nos casos de suspensão ou exclusão do crédito tributário, outorga de isenção ou dispensa do cumprimento de obrigações tributárias acessórias (CTN, art. 111).

"A lei tributária que define infrações, ou lhe comina penalidade, interpreta-se da maneira mais favorável ao acusado" (CTN, art. 112).

INTERPRETAÇÃO DA LEI
- *autêntica*
- *doutrinária*
- *jurisprudencial*
- *gramatical ou literal*
- *lógica*
- *histórica*
- *sistemática*
- *de direito comparado*
- *extensiva*
- *restritiva*
- *teleológica ou social*

## 4. Integração da lei tributária

Às vezes a lei é omissa sobre determinado ponto. Neste caso é necessário integrá-la, ou seja, completá-la de acordo com certos critérios.

No direito tributário, os critérios de integração da norma são, sucessivamente, a analogia, os princípios gerais de direito tributário, os princípios gerais de direito público e a equidade (CTN, art. 108), e, ainda, o costume (CTN, art. 100, III).

*Analogia* é a aplicação, a um caso não previsto, de regra que rege hipótese semelhante. Mas o emprego da analogia não poderá resultar na exigência de tributo não previsto em lei (CTN, art. 108, § 1º).

*Princípios gerais de direito tributário* são critérios que se estendem por todos os assuntos de direito tributário, como a legalidade estrita, ou os critérios da anterioridade, da irretroatividade, da isonomia, da vedação de efeitos confiscatórios, etc.

*Princípios gerais de direito público* são critérios maiores que se estendem por todos os ramos do direito público, abrangendo, portanto, também o direito tributário. Entre tais critérios estão, por exemplo, os princípios da legalidade, da moralidade, da supremacia do interesse público, impessoalidade, proporcionalidade, etc.

*Equidade* é a adaptação razoável da lei ao caso concreto (bom senso). Mas o emprego da equidade não poderá resultar na dispensa do pagamento de tributo devido (CTN, art. 108, § 2º).

*Costume.* O costume refere-se às práticas reiteradamente observadas pelas autoridades administrativas (CTN, art. 100, III).

As regras de integração destinam-se à solução dos casos omissos. Nada impede, porém, que sejam utilizadas também para a interpretação da lei, como auxiliares para o seu exato entendimento.

INTEGRAÇÃO DA LEI TRIBUTÁRIA
{
*analogia*
*princípios gerais de direito tributário*
*princípios gerais de direito público*
*equidade*
*costume*
}

## III – OBRIGAÇÃO TRIBUTÁRIA

### 1. Fato gerador

*Fato gerador* é o fato ou situação que gera ou cria a obrigação tributária. Do francês, *fait générateur*.

O fato gerador, de acordo com a doutrina tradicional, tem dois aspectos.

Primeiramente, temos o fato gerador no sentido de concepção abstrata, de descrição em tese, feita pela lei, de um fato ou situação que fará surgir a obrigação tributária (se ocorrer o fato $X$, incidirá o tributo $Y$).

Em segundo lugar, temos o fato gerador no sentido de ocorrência concreta, existente no mundo real, conforme foi descrito na lei (o fato $X$ ocorreu; deu-se, portanto, a incidência do tributo $Y$).

Celso Ribeiro Bastos observa bem que é comum esta duplicidade de aspectos, "o Direito apresenta sempre dois ângulos ou facetas; o puramente abstrato ou normativo e o concretizado ou realizado" (*Curso de Direito Financeiro e de Direito Tributário*, 4ª ed., SP, Saraiva, 1995, p. 193).

Contudo, eminentes doutrinadores criticaram a expressão "fato gerador", considerando-a ambígua e insuficiente.

No lugar de fato gerador abstrato, ou em tese, preferem estes autores usar as expressões *hipótese de incidência tributária*[8] ou *hipótese tributária*.[9]

E para designar o fato gerador em sentido concreto, ou seja, de fato ou situação que já ocorreu, foram propostas, entre outras, as expressões "hipótese de incidência realizada", "fato imponível", "fato jurídico tributário".

Há autores que adotam uma nomenclatura mista ou híbrida, falando em "hipótese de incidência tributária" no caso de descrição em tese, e em "fato gerador" no caso de ocorrência concreta, numa mescla entre as novas denominações propostas e a denominação tradicional.

Concluindo, parece preferível a manutenção da terminologia tradicional. *Fato gerador*, simplesmente, tanto no sentido abstrato como no sentido concreto. Essa é a fórmula adotada pelo Código Tributário Nacional e não oferece reais problemas de compreensão.

Afinal, como bem observa Luciano Amaro, não há "inconveniente sério no emprego ambivalente da expressão fato gerador (para designar tanto a descrição legal hipotética quanto o acontecimento concreto que lhe corresponda)".[10]

Ou, como diz Kiyoshi Harada, "com a devida vênia, é bem difícil a um jurista confundir a descrição do fato gerador com a sua concreção".[11]

---

8. Geraldo Ataliba, *Hipótese de Incidência Tributária*, 6ª ed., 11ª tiragem, SP, Malheiros Editores, 2010.
9. Paulo de Barros Carvalho, *Curso de Direito Tributário*, 8ª ed., SP, Saraiva, 1996, p. 163.
10. *Direito Tributário Brasileiro*, SP, Saraiva, 1997, p. 244.
11. *Direito Financeiro e Tributário*, SP, Atlas, 1996, p. 221.

TEORIA GERAL 53

FATO GERADOR
- *1º significado*
  Descrição em tese, da lei, de um fato ou situação
  "hipótese de incidência tributária"
  "hipótese tributária"
- *2º significado*
  Fato ou situação concreta, já ocorrida
  "hipótese de incidência realizada"
  "fato imponível"
  "fato jurídico tributário"

## 2. Aspectos do fato gerador

O fato gerador pode ser visto sob vários aspectos.

Quanto à *modalidade*, o fato gerador pode referir-se à obrigação principal (pagar o tributo) ou a uma obrigação acessória (escriturar livros, por exemplo). Também como modalidade, o fato gerador pode ser *instantâneo* (originado em um só ato, como o ICMS ou o IPI), *complexo* (resultante de vários fatos, como o IR, apreciado dentro de um certo período), ou *continuado* (renovado em cada exercício financeiro, como o IPTU).

O aspecto *pessoal* refere-se aos sujeitos ativos e passivos da obrigação tributária. O sujeito passivo pode ser contribuinte (vinculação direta) ou responsável (vinculação indireta).

O aspecto *material* refere-se aos dados objetivos do fato gerador.

No aspecto *temporal* verifica-se o momento em que é gerado o tributo.

No aspecto *espacial*, o lugar em que se dá a ocorrência.

No aspecto *quantitativo* dá-se a fixação da base de cálculo do tributo e da alíquota que incidirá sobre a base.

A majoração da base de cálculo equivale à majoração do tributo, o que só pode ser feito por lei (CTN, art. 97, § 1º).

## 3. Sujeito ativo
### – Competência e capacidade tributária

Sujeitos ativos da obrigação tributária são a União, os Estados, o Distrito Federal e os Municípios, os quais detêm a *competência tributária*, podendo legislar sobre tributos e exigi-los, dentro de suas respectivas esferas.

Mas sujeitos ativos são também pessoas públicas que, embora não possam legislar sobre tributos, têm, contudo, *capacidade tributária*, que lhes permite fiscalizar e arrecadar tributos, por delegação.

Têm capacidade tributária, por exemplo, e não competência, o INSS e outras autarquias e órgãos paraestatais.

SUJEITOS ATIVOS
- *com competência tributária*
  - Só União, Estados, Distrito Federal e Municípios
  - Podem criar, fiscalizar e arrecadar tributos
- *sem competência, mas com capacidade tributária*
  - Não podem criar tributos
  - Mas podem fiscalizar e arrecadar

## 4. Sujeito passivo – Contribuinte, responsável, substituição e transferência tributária

*Sujeito passivo* é aquele que deve pagar o tributo, podendo ser contribuinte ou responsável.

*Contribuinte* é o devedor direto, que tem relação pessoal e direta com o fato gerador (CTN, art. 121, I).

*Responsável* é o devedor indireto que, embora não sendo contribuinte, deve responder pela obrigação tributária, por força de lei (CTN, art. 121, II).

A responsabilidade indireta pode ocorrer por substituição ou por transferência.

Na *substituição* a obrigação constitui-se desde logo em relação a um substituto, ou responsável, ficando de fora aquele que seria o contribuinte.

Exemplos de substituição são o ICMS de agricultor a ser pago pelo comprador da safra, ou o ICMS de operações posteriores, a ser pago antecipadamente pelos fabricantes de cerveja e de cigarros.

Na *transferência* a obrigação constitui-se inicialmente em relação ao contribuinte, comunicando-se depois, porém, para o responsável.

A transferência pode dar-se por sucessão, por solidariedade ou por subsidiariedade.

Na *sucessão*, o sucessor responde pelo sucedido como ocorre na transferência da propriedade de um imóvel,[12] na herança ou na incorporação de uma empresa por outra, exceto no caso de alienação judicial na falência ou de unidade produtiva na recuperação judicial (LC 118/2005).

Na *solidariedade*, o devedor solidário responde juntamente com o devedor principal, em pé de igualdade, podendo a dívida ser cobrada indiferentemente de um ou de outro, no todo ou em parte, à escolha do credor (CC, art. 275).

Na *subsidiariedade* o devedor subsidiário também responde juntamente com o devedor principal, mas com beneficio de ordem, ou seja, em segundo plano, só depois de executados todos os bens do devedor principal, na solução da dívida.

No direito tributário, em regra, a lei estabelece a responsabilidade solidária.

O art. 134 do Código Tributário Nacional, por exemplo, estabelece que respondem solidariamente os pais pelos tributos devidos por seus filhos menores (inciso I), ou o inventariante, pelos tributos devidos pelo espólio (inciso IV).

De qualquer forma, "a solidariedade não se presume, resulta da lei ou da vontade das partes" (CC, art. 265).

Alguns eminentes autores referem que o sujeito passivo pode responder também por *responsabilidade*, isto é, por atribuição de responsabilidade pela lei.

Tais hipóteses, porém, reduzem-se à transferência por solidariedade ou por subsidiariedade, não necessitando, portanto, de classificação à parte.

Além disso, tal colocação não é adequada, uma vez que equivale a dizer que alguém é responsável por responsabilidade.

A capacidade tributária passiva independe da capacidade civil das pessoas naturais, ou da regularidade da constituição das pessoas jurídicas (CTN, art. 126).

*Cláusulas contratuais* particulares não alteram a responsabilidade tributária, salvo disposição legal em contrário (CTN, art. 123).

*Sujeito passivo da obrigação acessória*, como a prestação de informações, ou a manutenção de papéis, é a pessoa obrigada a essas prestações (CTN, art. 122).

---

12. Chama-se obrigação *propter rem*, ou *in rem scripta*, a obrigação tributária que acompanha o imóvel, independentemente da pessoa do dono (obrigação da coisa, ou inscrita na coisa).

De um ponto de vista econômico, fala-se também em *contribuinte de direito* e *contribuinte de fato*.

Contribuinte de direito é o obrigado ao pagamento do tributo, na qualidade de contribuinte propriamente dito, ou de responsável.

Contribuinte de fato são os consumidores finais, que são os que realmente acabam arcando com o custo do tributo, embutido no preço das mercadorias.

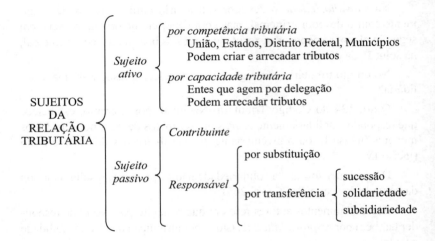

**5. Infrações tributárias administrativas**

A responsabilidade por infrações tributárias é *objetiva*, independendo da intenção com que foram praticadas e da efetividade, natureza e extensão dos efeitos do ato, salvo disposição legal em contrário (CTN, art. 136).

De acordo com a doutrina, porém, esse princípio não é absoluto. A responsabilidade poderá ser excluída se o contribuinte ou responsável puder provar que não houve descuido ou negligência, nem intenção de lesar o Fisco.

O próprio Código Tributário Nacional permite a remissão do crédito tributário atendendo ao erro ou ignorância escusáveis quanto à matéria de fato (CTN, art. 172, II).

Ocorre, aí, uma inversão do ônus da prova. O Fisco não precisa provar dolo ou negligência para impor a penalidade. Basta o fato objetivo. O contribuinte ou responsável, porém, poderá afastar eventualmente a autuação, provando ausência de culpa.

As sanções tributárias administrativas podem consistir em multa, apreensão de mercadorias, veículos ou documentos, perda de mercadorias, proibição de contratar com o poder público, sujeição a sistema especial de fiscalização, etc.

A *multa* pode ser simplesmente moratória (sem caráter de penalidade especial) ou consistir em multa-sanção (com caráter específico de penalidade).

A penalidade pela infração tributária administrativa pode ser excluída por denúncia espontânea, acompanhada do pagamento devido e dos juros de mora (CTN, art. 138).

*5.1 Casos de responsabilização pessoal
na esfera administrativa*

Às vezes a responsabilidade pela infração administrativa é atribuída apenas à pessoa física que executou o ato, e não ao contribuinte ou responsável.

São casos em que o executor material do ato procedeu com excesso de poder ou fraude à lei, lesando o Fisco e, ao mesmo tempo, o contribuinte ou responsável.

Trata-se de pessoas que agem contra os seus patrões, ou sócios, ou contra seus representados ou comitentes.

Neste rol está o pai que, assim agindo, lesa o interesse do filho menor, o tabelião que lesa o Fisco e as partes, ou o diretor que prejudica a sociedade que dirige (CTN, art. 137, III).

A responsabilidade pela infração tributária administrativa deixa, então, de ser objetiva e passa a ser pessoal e subjetiva, respondendo pelas sanções o executor material do ato, e não o devedor originário do tributo.

**6. Responsabilidade por crimes tributários**

Tratando-se de infração tributária penal, seguem-se as regras do direito penal.

Em princípio, autor de crime só pode ser pessoa física, maior de 18 anos.

Nos crimes praticados através de associação ou sociedade, vigora a regra de que sujeito ativo do delito não será a pessoa jurídica, mas a pessoa física que através dela praticou o ato.

A responsabilidade penal, portanto, em regra, é sempre pessoal, da pessoa física.

Há uma exceção, porém, referente às *infrações penais contra o meio ambiente*. Nestas, e apenas nestas, pode uma pessoa jurídica vir a responder por ilícito penal, cometido por decisão de seus dirigentes, no interesse ou benefício da mesma (L 9.605/98).

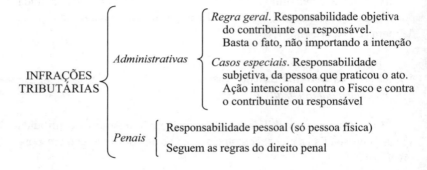

Os crimes tributários serão tratados adiante, em capítulo próprio (Terceira Parte).

## 7. Elisão, evasão, conluio

A elisão consiste na economia lícita de tributos, deixando-se de fazer determinadas operações ou realizando-as da forma menos onerosa possível para o contribuinte. Trata-se de ação perfeitamente lícita, de "planejamento tributário" ou "economia fiscal".

Adilson Rodrigues Pires cita, como exemplo de elisão, "o engarrafamento de certa bebida, em recipiente de 3 litros, à alíquota de 8%, ao invés do engarrafamento em recipiente de 1 litro, à alíquota de 10%" (*Manual de Direito Tributário*, 9ª ed., Rio, Forense, 1996, p. 84).

A *evasão*, ao contrário, consiste na lesão ilícita do Fisco, não se pagando tributo devido, ou pagando-se menos que o devido, de forma deliberada ou por negligência.[13]

---

13. A maioria segue esta terminologia. Não é pacífico, porém, o significado de evasão ou elisão, havendo entendimentos diversos, até em sentido oposto ao adotado no

Para alguns autores a evasão proposital poderia ocorrer por sonegação ou por fraude. A *sonegação* teria lugar após o fato gerador, com a ocultação do fato perante o Fisco e o não pagamento do tributo.

A *fraude* (na evasão) seria arquitetada antes do fato gerador, com artifícios e simulações no sentido de afastar a incidência do tributo.

A distinção não parece adequada, pois a sonegação pode ter também conotação fraudulenta.

O *conluio*, por sua vez, consiste no ajuste de duas ou mais pessoas para a prática de evasão fiscal.

| | |
|---|---|
| ELISÃO | – *economia fiscal lícita* (planejamento tributário) |
| EVASÃO | – *economia fiscal ilícita* (fraude, sonegação) |
| CONLUIO | – *ajuste para economia fiscal ilícita* |

## IV – CRÉDITO TRIBUTÁRIO

Verificando-se a hipótese prevista na lei tributária, com a ocorrência do fato gerador, nasce a obrigação tributária. Mas, ainda nesse momento, a obrigação não é exigível.

É necessário que o Estado constitua o crédito tributário correspondente, mediante um procedimento administrativo denominado *lançamento*. Ou seja, o crédito tributário nada mais é do que a materialização da obrigação. Uma vez constituído o crédito, a autoridade não pode dispensá-lo sem expressa autorização legal, sob pena de responsabilidade (art. 141).

É possível a existência de obrigação sem o correspondente crédito (ainda não houve lançamento), mas o crédito sem obrigação é nulo e poderá constituir crime (art. 316, §§ 1º e 2º, do CP).

texto. Ou seja, o que aqui se denomina *evasão* para outros é *elisão*, ou vice-versa. Para outros, ainda, evasão e elisão seriam semelhantes, sendo porém diferentes de sonegação. A elisão não pode chegar ao ponto de constituir uma dissimulação da ocorrência do fato gerador (art. 116, § único, do CTN, introduzido pela LC 104, de 10.1.2001).

## 1. Lançamento

É o procedimento administrativo vinculado que verifica a ocorrência do fato gerador, identifica o sujeito passivo da obrigação tributária, determina a matéria tributável, aponta o montante do crédito e aplica, se for o caso, a penalidade cabível (art. 142).

O lançamento é constitutivo do crédito tributário, mas é apenas declaratório da obrigação. Sendo declaratório, seus efeitos retroagem ao tempo da ocorrência do fato gerador (efeito *ex tunc*). Também a lei aplicável é aquela da data da ocorrência do fato gerador (art. 143), mas em relação à aplicação de penalidades impera o princípio da retroatividade da lei mais benéfica (art. 106).

O lançamento é ato privativo da Fazenda Pública credora da obrigação e obrigatório para a autoridade tributária, sob pena de responsabilidade funcional.

Nesse procedimento, é identificado o sujeito passivo e apontado o montante do tributo devido. Aplicando-se a *alíquota* (percentual que constitui a prestação) sobre a *base de cálculo* (grandeza numérica do fato gerador), surge o valor do crédito tributário. Quando esse valor estiver em moeda estrangeira, o lançamento fará a conversão em moeda nacional, pelo câmbio do dia da ocorrência do fato gerador (art. 143). Se for o caso, o lançamento já proporá a aplicação da penalidade cabível.

O lançamento regularmente notificado ao sujeito passivo só pode ser alterado em virtude de impugnação do sujeito passivo, recurso de ofício ou iniciativa da autoridade administrativa, nos casos autorizados pelo art. 149.[14]

---

[14] "Art. 149. O lançamento é efetuado e revisto de ofício pela autoridade administrativa nos seguintes casos: I – quando a lei assim o determine; II – quando a declaração não seja prestada, por quem de direito, no prazo e na forma da legislação tributária; III – quando a pessoa legalmente obrigada, embora tenha prestado declaração nos termos do inciso anterior, deixe de atender, no prazo e na forma da legislação tributária, a pedido de esclarecimento formulado pela autoridade administrativa, recuse-se a prestá-lo ou não o preste satisfatoriamente, a juízo daquela autoridade; IV – quando se comprove falsidade, erro ou omissão quanto a qualquer elemento definido na legislação tributária como sendo de declaração obrigatória; V – quando se comprove omissão ou inexatidão, por parte da pessoa legalmente obrigada, no exercício da atividade a que se refere o artigo seguinte; VI – quando se comprove ação ou omissão do sujeito passivo, ou de terceiro legalmente obrigado, que dê lugar à aplicação de penalidade pecuniária; VII – quando se comprove que o sujeito passivo, ou terceiro em benefício daquele, agiu com dolo, fraude ou simulação; VIII – quando deva ser apreciado fato não conhecido ou não provado por ocasião do lançamento anterior; IX – quando se comprove que, no lançamento anterior, ocorreu fraude ou falta funcional da autoridade que o efetuou,

## 1.1 Modalidades de lançamento

Três são as espécies de lançamento, conforme o grau de participação do sujeito passivo (geralmente o contribuinte).

A) No lançamento *direto* (*ex officio*), a Fazenda Pública já dispõe de todas as informações necessárias e procede ao lançamento diretamente. É o que ocorre no IPTU, onde a Fazenda já sabe qual o valor venal do imóvel.

B) No lançamento *por declaração*, o sujeito passivo tem a obrigação legal de prestar informações para a Fazenda Pública, que, depois, efetuará o lançamento. Como era no IR.[15]

C) No lançamento *por homologação*, a participação do sujeito passivo é ainda maior. Ele, além de prestar informações, deve também pagar antecipadamente o tributo, sem o prévio exame da autoridade administrativa. Posteriormente, a Fazenda faz o lançamento dito homologatório, concordando, ou não, como ocorre no IPI e no ICMS.

O pagamento antecipado extingue o crédito tributário, sob a condição resolutória de posterior homologação (art. 150, § 1º).

O lançamento por homologação é conhecido como *autolançamento*, mas o termo é impreciso, já que o lançamento é um procedimento administrativo vinculado, privativo da Administração. Não pode, portanto, o particular proceder ao lançamento, ou autolançamento.

Não havendo outro prazo especial em lei, a homologação deverá ocorrer em cinco anos, contados da data do fato gerador. Expirado esse lapso, considera-se homologado o crédito (homologação tácita), salvo se comprovada a ocorrência de dolo, fraude ou simulação (art. 150, § 4º).

## 2. Suspensão da exigibilidade do crédito tributário

Convém lembrar que mesmo durante a suspensão as obrigações acessórias não são dispensadas. De regra, suspensa a exigibilidade, também fica suspenso o curso da prescrição, mas não dispensa o cumprimento das obrigações acessórias dependentes da obrigação principal ou dela consequentes. Para o CTN a exigibilidade é suspensa nas hipóteses de seu art. 151.

ou omissão, pela mesma autoridade, de ato ou formalidade essencial. Parágrafo único. A revisão do lançamento só pode ser iniciada enquanto não extinto o direito da Fazenda Pública."

15. No IR, o contribuinte remetia as informações e o Fisco efetuava o lançamento, informando o valor a pagar. Mas, atualmente, o IR passou a ser calculado pelo próprio contribuinte, em lançamento por homologação.

## 2.1 Moratória

Trata-se de alongamento do prazo de pagamento do tributo, concedido de maneira geral ou individual. De uma forma ou de outra, a moratória dependerá sempre de lei que a autorize (princípio da reserva legal). Salvo disposição legal em contrário, a moratória somente poderá beneficiar os créditos já definitivamente constituídos ou aqueles cujo lançamento já tenha sido iniciado por ato preparatório notificado ao sujeito passivo (art. 154).

## 2.2 Depósito integral do valor do tributo

Nesta hipótese, o sujeito passivo, para discutir administrativamente ou judicialmente o crédito, deposita o seu valor integral. Na esfera administrativa, o depósito somente terá o poder de afastar a correção monetária, pois a simples reclamação ou recurso já suspendem a exigibilidade do crédito.

No entanto, o depósito não pode ser exigido como condição de admissibilidade da ação judicial: "É inconstitucional a exigência de depósito prévio como requisito de admissibilidade de ação judicial na qual se pretenda discutir a exigibilidade de crédito tributário" (Súmula Vinculante 28 do STF).*

## 2.3 Reclamações e recursos no processo tributário administrativo

Como a causa de suspensão foi estatuída pelo CTN, que tem foros de lei complementar à Constituição Federal, não pode a lei ordinária regulamentadora do tributo afrontá-la, tirando o efeito. A suspensão vigora até a decisão administrativa final.

## 2.4 Concessão de liminar em mandado de segurança

Em ação própria, o juiz concede de imediato a medida liminar, suspendendo a exigibilidade do crédito até discussão final. Não se pode esquecer que, conforme a posição dominante, a liminar deve ser expressamente cassada na sentença. Se a decisão for omissa quanto à liminar, mesmo denegado o mandado de segurança, os efeitos da medida urgente continuam até julgamento final pelo tribunal.

---

\* **Débitos com o INSS**. Portanto, é inconstitucional o comando do art. 19 da L 8.870/94: "As ações judiciais, inclusive cautelares, que tenham por objeto a discussão de débito para com o INSS serão, obrigatoriamente, precedidas do depósito preparatório do valor do mesmo, monetariamente corrigido até a data de efetivação, acrescido dos juros, multa de mora e demais encargos".

## TEORIA GERAL

Os §§ 2º e 5º do art. 7º da Lei 12.016/2009 proíbem a concessão de liminar e de tutela antecipada que visem a compensação de créditos tributários, a liberação de mercadorias e bens provenientes do exterior, a reclassificação ou equiparação de servidores públicos e a concessão de aumento ou a extensão de vantagens ou pagamento de qualquer natureza. A proibição, que já constava das Lei 2.770/1956 e 4.348/1964, é tida como de constitucionalidade duvidosa.

### 2.5 Outras modalidades de suspensão

A LC 104, de 10.1.2001, acrescentou, como causas de suspensão, a concessão de medida liminar, a tutela antecipada e o parcelamento do débito (alterando para tanto o art. 151, V e VI do CTN).

Na área penal, nos crimes contra a ordem tributária (L 8.137/90, arts. 1º e 2º), bem como nos crimes dos arts. 168-A e 337-A, do CP, o parcelamento do débito suspende a pretensão punitiva e o pagamento extingue a punibilidade, conforme dispõe a L 10.684, de 30.5.2003, art. 9º.

## 3. Extinção do crédito tributário

Trata-se de matéria inserida dentro da reserva legal, já que somente a lei pode prever hipótese de extinção do crédito tributário (art. 97, IV).

Modalidades de extinção apontadas no CTN: pagamento, compensação, transação, remissão, prescrição e decadência, conversão de depósito em renda, pagamento antecipado e homologação do lançamento, consignação em pagamento, decisão administrativa irreformável, decisão judicial passado em julgado e dação em pagamento em bens imóveis.

### 3.1 Pagamento

Regras específicas do direito tributário tornam o pagamento do crédito tributário algo diverso daquele estabelecido no direito privado.

A) Ao contrário do estabelecido pelo Código Civil (art. 410), a multa em direito tributário nunca substitui o tributo. Os valores serão sempre somados.

B) O pagamento de uma parcela ou de um crédito não importa presunção de pagamento das parcelas anteriores ou de outros créditos (art. 158), ao inverso do que ocorre no direito civil (art. 322 do CC). Ao pagamento parcelado aplicam-se as disposições relativas à moratória (art. 155-A do CTN).

C) Salvo disposição especial em lei, o lugar do pagamento será sempre o domicílio do sujeito passivo. O sujeito passivo tem a obrigação de ir até a repartição competente (ou banco indicado) para entregar o pagamento, independentemente da cobrança do Fisco (art. 159). Já no direito civil, em geral, é o credor que deve providenciar a cobrança de seu crédito (art. 327).

D) O tempo do pagamento será aquele estabelecido na lei específica do tributo, mas, se não houver, o vencimento ocorrerá 30 dias depois da notificação do lançamento ao sujeito passivo. Evidentemente, no caso de lançamento por homologação, é necessário que lei estabeleça o prazo para pagamento, já que não há notificação nem vencimento, mas sim pagamento anterior à constituição do crédito respectivo. Pode a lei estabelecer desconto pela antecipação do pagamento (art. 150, § 1º).

E) Qualquer que seja o motivo da mora, incidirão juros automáticos de 1% ao mês, salvo outro percentual indicado na lei específica do tributo. Os juros incidem sem prejuízo da imposição das penalidades cabíveis e de aplicação das medidas de garantia previstas em lei (art. 161, *caput*). Mas não haverá mora durante a pendência de consulta ao Fisco formulada pelo devedor dentro do prazo para pagamento.

F) O pagamento deverá ser realizado em moeda corrente, cheque ou vale postal. Porém, a lei poderá permitir também o pagamento em estampilha, papel selado ou processo mecânico. O pagamento por cheque somente extinguirá o crédito com o efetivo resgate pelo sacado. Ou seja, não há troca de crédito tributário por crédito cambial, como ocorre no direito comercial. O pagamento por estampilha somente será considerado realizado com a inutilização regular da mesma.

G) Existindo dois ou mais créditos vencidos do mesmo ou de diferentes tributos, caberá à autoridade administrativa receber o pagamento estipulando qual o crédito que está sendo solvido, conforme a ordem do art. 163.

### 3.1.1 Pagamento indevido e restituição

Aquele que efetuar pagamento indevido terá direito à restituição total ou parcial, "independentemente de prévio protesto" (art. 165). Determina o Código Tributário Nacional que não é necessário que o sujeito passivo reclame ao efetuar o pagamento indevido. Mesmo tendo plena ciência de que o pagamento é injusto, ele terá direito à restituição. Já no direito civil, o pagamento voluntário impede a restituição, se não houve erro (art. 877 do CC). Mas há exceção: a restituição do pagamento efetuado com estampilha, papel selado ou processo mecânico só será possível quando o erro for imputável à autoridade administrativa (art. 162, §§ 4º e 5º).

Quando for o caso de transferência do encargo financeiro, somente aquele que suportou efetivamente o pagamento poderá pedir sua restituição. Esta hipótese se refere aos tributos chamados *indiretos*, onde o encargo é transferido para terceiro, ou consumidor final, como no caso do ICMS e do IPI. Ao contrário, nos tributos *diretos*, o valor é suportado pelo próprio contribuinte, como no IR.

Embora pago indevidamente, não cabe restituição de tributo indireto salvo quando reconhecido por decisão que o contribuinte *de jure* não recuperou do contribuinte *de facto* o valor pago (CTN, art. 166; Súmula 546 do STF).

Entretanto, mesmo no tributo indireto a lei permite a restituição se o contribuinte (de direito) for expressamente autorizado pelo terceiro que suportou o ônus (contribuinte de fato).[16]

Devem ser restituídos os juros indevidos e as penalidades pecuniárias, salvo aquelas referentes ao caráter formal não prejudicadas pela causa da restituição.

A restituição é acrescida de juros desde o trânsito em julgado da decisão que a determinou.[17]

O direito de pedir repetição do indébito decai em cinco anos, contados, via de regra, da data da extinção do crédito.

No caso de modificação de decisão que condenou o contribuinte ao pagamento indevido, o termo inicial será a data em que se tornou definitiva a decisão administrativa ou a do trânsito em julgado da decisão judicial que revogou, anulou, reformou ou rescindiu a decisão anterior.

A ação anulatória da decisão administrativa que negar a restituição prescreve em dois anos. A prescrição será interrompida pela citação válida e voltará a correr pela metade (apenas um ano).

---

16. Renomados doutrinadores entendem que o terceiro, individualmente, não é parte legítima para pedir essa restituição. Entretanto, esta não parece ser a melhor posição, pois o texto do art. 166 (primeira parte) indica exatamente o contrário: quem assumiu o encargo financeiro pode pedir a restituição do tributo indevido. De qualquer forma, não se poderia admitir o enriquecimento ilícito da Administração, retirando do contribuinte de fato o direito à repetição do indébito.

17. No caso de responsabilidade indireta por substituição, onde o responsável é obrigado a pagar o tributo antes da ocorrência do fato gerador, a restituição deverá ser imediata e preferencial, caso não se realize o fato gerador presumido (art. 150, § 7º, CF).

## 3.2 Compensação

É uma das formas de extinção de obrigação recíproca equivalente de débitos entre os contratantes (arts. 368 e ss. do CC). O Código Tributário Nacional prevê que a lei pode autorizar a compensação de créditos tributários com créditos líquidos e certos (art. 170). O Código Civil somente autoriza a compensação de créditos vencidos, mas o Código Tributário Nacional possibilita o mesmo beneficio em relação aos créditos vincendos. Neste caso, pode a lei determinar a redução de crédito do sujeito passivo, descontando juros não superiores a 1% ao mês. O Código Tributário Nacional prevê ainda que a autoridade administrativa pode ser autorizada pela lei a estipular, *em cada caso*, a compensação. A expressão em destaque tem causado alguma revolta na doutrina, que é unânime em pontificar que não se trata de poder diferenciar, privilegiando ou prejudicando devedores na mesma situação (v. D 7.212/2010).

## 3.3 Transação

Transação (ou acordo) ocorre quando as partes fazem concessões recíprocas para evitar ou terminar um litígio, extinguindo-se uma obrigação. O Código Tributário Nacional prevê que a lei pode facultar a transação e indicar a autoridade competente para autorizar o acordo, *em cada caso*. Aqui, vale o mesmo comentário acerca do estipulado na compensação. Não pode a lei atribuir à autoridade poderes discricionários ou arbitrários, mesmo porque o lançamento e a cobrança de tributos são atividades plenamente vinculadas.

## 3.4 Remissão

A remissão (ou perdão) é o ato pelo qual o credor dispensa graciosamente o devedor de pagar a dívida. A lei pode autorizar a autoridade administrativa a conceder remissão (art. 172) atendendo à situação econômica do sujeito passivo, ao erro ou ignorância escusáveis do sujeito passivo quanto à matéria de fato, à diminuta importância do crédito tributário, à equidade e às condições peculiares da região. O despacho de remissão não gera direito adquirido e pode ser revogado de ofício sempre que se apure que o beneficiado não satisfazia ou deixou de satisfazer as condições ou não cumpria ou deixou de cumprir os requisitos da concessão.

## 3.5 Decadência do direito de lançar e prescrição do direito de cobrar

### 3.5.1 Características especiais da decadência no direito tributário

Na doutrina tradicional, a decadência ou caducidade é o fenômeno jurídico pelo qual perece algum direito em decorrência do seu não uso, por determinado espaço de tempo estipulado em lei. Ou seja, é a materialização jurídica do dito popular *dormientibus non sucurrit ius*, "o direito não socorre aqueles que dormem".

Igualmente, para exercitar o seu direito e constituir o seu crédito, através do lançamento, a Fazenda está sujeita a um prazo extintivo material. Também ela não pode dormir.

Entretanto, algumas diferenças existem da decadência clássica para esta aqui, do direito tributário.

É evidente que a Administração não dispõe propriamente de um "direito" de constituir o crédito tributário. A própria definição legal de lançamento (art. 142 e seu § único) indica claramente que se trata de atividade plenamente vinculada e indelegável. Trata-se de um dever, de uma obrigação, muito mais do que de um "direito".

O correto é afirmar, com o eterno mestre Hely Lopes Meirelles, que a Administração detém um *poder/dever* de constituir o crédito tributário.

Também afronta o conceito tradicional de decadência a possibilidade de interrupção do prazo. O art. 173, II, informa que o lapso se inicia novamente da data em que se torna definitiva a decisão que houver anulado, por vício formal, o lançamento anteriormente efetuado. Inegavelmente, a decisão administrativa de anulação interrompe o prazo decadencial que já fluía para o lançamento anulado.

Na construção clássica do direito civil, a decadência tem como termo inicial do prazo o exato instante em que nasce o próprio direito. Surgindo o direito material, inicia-se automática e simultaneamente a possibilidade de seu exercício e a contagem do prazo de caducidade. Mas no direito tributário não é sempre assim, pois, como veremos a seguir, o termo inicial do prazo decadencial, em regra, é o primeiro dia do exercício seguinte àquele em que o lançamento poderia ser efetuado (art. 173, II).

Estas são as três características especialíssimas da decadência no direito tributário (não se refere propriamente a um direito, mas sim a um dever; o prazo decadencial pode sofrer interrupção; o início do lapso nem sempre coincide com o nascimento do direito).

### 3.5.2 Prazo decadencial

O prazo máximo para a Administração proceder ao lançamento é de cinco anos. O termo inicial no caso de lançamento direto ou por declaração é o primeiro dia do exercício seguinte àquele em que o lançamento poderia ter sido efetuado (art. 173, I), ou a data em que se torna definitiva a decisão que anulou por vício formal o lançamento anterior (art. 173, II).

Porém, se antes do primeiro dia do exercício seguinte ocorrer a notificação do sujeito passivo de qualquer medida preparatória indispensável ao lançamento (§ único do art. 173), o termo inicial será antecipado para a data daquela notificação preliminar.[18]

Já se o lançamento é por homologação, duas hipóteses devem ser analisadas.

Se houver recolhimento antecipado, o termo inicial será a data da ocorrência do fato gerador (art. 150, § 4º).[19]

Mas, se não houve pagamento antecipado, volta a ter aplicação a regra geral e o termo inicial será o primeiro dia do exercício seguinte.

Dentro do prazo de cinco anos, deve ocorrer a notificação do lançamento ao sujeito passivo. A notificação é o ato que torna definitiva a constituição do crédito tributário.

3.5.3 Prazo para pagamento
(interregno entre os prazos de decadência e prescrição)

O vencimento do crédito (prazo para pagamento), se não houver estipulação especial, ocorre 30 dias depois de notificado o sujeito passivo (art. 160).

Durante este prazo de 30 dias, o crédito, embora constituído, não pode ser executado judicialmente, já que o sujeito passivo tem o direito de pagá-lo neste lapso. No primeiro dia após o 30º dia da notificação, a Fazenda passa a dispor de ação para a cobrança.

Assim, há um interregno entre o prazo decadencial e o prescricional, que é justamente o prazo para pagamento.

18. Para alguns mestres o § único do art. 173 indica causa de interrupção do prazo, quando a notificação ocorre após o primeiro dia do exercício seguinte. Mas, como se trata de prazo decadencial, que não se interrompe, a corrente majoritária entende que o comando legal só pode versar sobre antecipação do início do prazo.
19. Sustenta grande parte da doutrina que nesta hipótese de lançamento por homologação não haveria possibilidade de decadência, pois, findo o prazo de cinco anos, haveria a homologação tácita, não decadência. Na realidade, trata-se de perda do direito/obrigação do Fisco de não concordar com o sujeito passivo e efetuar o lançamento direto (de ofício), em substituição ao lançamento por homologação. E perda do direito pelo correr do tempo é a própria definição de decadência.

## TEORIA GERAL

Como bem analisou Sílvio Rodrigues, somente se poderá falar em prescrição no momento em que o direito de ação for exercitável (princípio da *actio nata*). Sem o nascimento da ação não há prescrição, pois o titular ainda não teve a oportunidade de ser omisso, quedar-se inerte, como exige o instituto da prescrição.[20]

Assim, muito embora o art. 174 determine que a ação para a cobrança do crédito tributário prescreve em cinco anos, contados da data de sua constituição definitiva (notificação), o fato é que durante o prazo concedido para pagamento do tributo a Fazenda não pode exercer o seu direito de ação, e, portanto, não pode sofrer prazo prescricional.[21]

### 3.5.4 Prazo prescricional

Como se viu, a interpretação lógica indica que o início do prazo prescricional coincide com o fim do lapso concedido para pagamento, que geralmente é de 30 dias após a notificação. Assim, o prazo de prescrição para a ação de cobrança é de cinco anos (art. 174) e tem início com o fim do prazo para pagamento.

Ou seja, nos 30 dias após a notificação do lançamento não corre prazo de prescrição, pois não se inicia o prazo de prescrição enquanto não nascer o direito de ação.

O despacho do juiz que ordena a citação em execução fiscal, o protesto judicial, qualquer ato judicial que constitua o devedor em mora e qualquer ato inequívoco que importe reconhecimento do débito pelo devedor interrompem o prazo da prescrição (art. 174, § único).

---

20. "Com efeito, como a prescrição consiste na perda da ação conferida a um direito pelo seu não exercício num intervalo dado, é evidente que não pode começar a fluir o prazo, antes de se deferir o direito de ajuizar o feito" (*Direito Civil*, 13ª ed., v. 1, SP, Saraiva, 1983).

21. Exatamente assim o arguto Paulo de Barros Carvalho (*Curso de Direito Tributário*, 8ª ed., SP, Saraiva, 1996). Contra, Kiyoshi Harada: "Não concordamos com a posição dos autores que entendem que o prazo prescricional só pode fluir a partir do nascimento da ação, que pressupõe crédito tributário exigível. É que, pela moderna teoria, a ação é conceituada como um direito abstrato; para seu exercício sequer se exige a efetiva existência do direito subjetivo material, como ocorre nas hipóteses de ações infundadas" (*Direito Financeiro e Tributário*, SP, Atlas, 1995). Mas não se pode concordar com o brilhante professor Harada. O fato de a ação ser infundada já demonstra o abuso do direito de ação e o seu uso ilegal e irregular, caracterizando bem que o direito instrumental ainda não estava disponível.

## QUADRO DA DECADÊNCIA E DA PRESCRIÇÃO EM DIREITO TRIBUTÁRIO

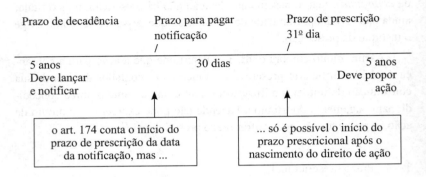

Se houver suspensão da exigibilidade do crédito, suspenso também estará o curso da prescrição. Se a causa de suspensão ocorrer no prazo para pagamento, antes do nascimento do direito de ação, o prazo prescricional não se inicia antes de superada a causa da suspensão.

### 3.5.5 Restituição do pagamento de créditos caducos e prescritos

Pela doutrina tradicional, defendida pela maioria dos tributaristas, o pagamento de crédito decaído implica direito a restituição. A decadência, por extinguir o próprio direito material, torna o pagamento indevido.

Já no caso de pagamento de crédito prescrito, não haveria o direito a restituição, porquanto mesmo sem o direito de ação sobreviveria o direito material ao crédito (art. 882 do CC).

Como na dívida de jogo, incobrável por via judicial, sobrevive um direito natural e, se o devedor paga, paga bem, não havendo falar em restituição (art. 814 do CC).

O festejado Paulo de Barros Carvalho sustenta tese diversa. No mesmo sentido: Hugo de Brito Machado.

O legislador deslocou a prescrição para a lista das modalidades de extinção do crédito tributário (art. 156, V). Desta maneira, para o direito tributário, a prescrição extinguiria o próprio direito material do Fisco ao crédito. Nesta linha de raciocínio, o pagamento de crédito prescrito também possibilitaria a repetição.

### 3.6 *Conversão de depósito em renda*

Ocorre no fim do processo, quando o devedor que efetuou o depósito judicial perde definitivamente a demanda.

## 3.7 Pagamento antecipado homologado

Homologado tácita ou expressamente, o pagamento antecipado extingue o crédito tributário, nas hipóteses de lançamento por homologação, como já analisamos.

## 3.8 Outras causas de extinção

O CTN também arrola a consignação em pagamento julgada procedente, a decisão administrativa irreformável e a decisão judicial passada em julgado como causas de extinção do crédito.

Mas outras formas podem ser previstas na lei tributária.

## V – EXCLUSÃO DO CRÉDITO TRIBUTÁRIO*

### 1. Incidência. Não incidência

A *incidência* corresponde ao fato ou situação em que o tributo é devido. Dado o fato gerador concreto, recai ou incide sobre ele o tributo previsto na lei.

A *não incidência*, por sua vez, corresponde a um fato ou a uma situação que ficou fora do alcance da norma tributária.

A não incidência pode decorrer de imunidade ou isenção, podendo ser também pura e simples. A não incidência pura e simples ocorre quando o poder público se abstém de tributar determinada operação, embora nada o impeça de fazê-lo.

### 2. Imunidade

A imunidade consiste na vedação constitucional do tributo. A CF proíbe a instituição de tributos em certos casos.

Assim, por exemplo, a União, os Estados, o Distrito Federal e os Municípios não podem instituir impostos sobre o patrimônio, a renda ou serviços uns dos outros.[22]

---

\* *Proibição de disfarces ("jabotis")*. Qualquer subsídio ou isenção, redução de base de cálculo, concessão de crédito presumido, anistia ou remissão, relativos a impostos, taxas ou contribuições, só poderá ser concedido mediante *lei específica*, que regule exclusivamente tais matérias ou o correspondente tributo ou contribuição (cf. art. 150, § 6º, da CF).

22. *Imunidade reflexa*. "Ainda quando alugado a terceiros, permanece imune ao IPTU o imóvel pertencente a qualquer das entidades referidas pelo art. 150, VI, c, da Constituição, desde que o valor dos aluguéis seja aplicado nas atividades essenciais de tais entidades" (Súmula 724 do STF).

São imunes aos impostos os templos de qualquer culto, os partidos políticos, os livros, jornais, periódicos e o papel destinado à sua impressão (art. 150, VI, da CF).[23]

## 3. Isenção

A isenção é a dispensa do tributo devido, ou que normalmente seria devido, dispensa, essa, feita por lei ordinária.

A diferença entre imunidade e isenção consiste no seguinte: a imunidade é a dispensa do tributo por força da própria CF; a isenção é a dispensa do tributo por força de lei ordinária.

A isenção corresponde a uma norma aditiva, que modifica a norma básica, fazendo com que um tributo, em regra, devido não o seja em certas circunstâncias. A norma modificadora integra-se com a norma básica, formando um todo lógico.

Como bem explica Luciano Amaro, "a isenção atua geralmente num sistema de par de normas, em que uma é a regra, a outra é exceção" (*Direito Tributário Brasileiro*, SP, Saraiva, 1997, p. 262).

Ou como ensina Roque Antonio Carrazza, "a lei isentiva e a lei tributante convivem harmoniosamente, formando uma única norma jurídica tributária (diferente da que existia antes de a isenção ser criada)" (*Curso de Direito Constitucional Tributário*, 26ª ed., SP, Malheiros Editores, 2010, p. 920).

Trata-se de matéria incluída na chamada reserva legal, ou seja, somente a lei poderá conceder isenção (art. 97, VI).

A isenção não se confunde com a não incidência, pois há o fato gerador e há a hipótese de incidência prevista na lei, mas o legislador dispensa apenas o pagamento do tributo. Também não se confunde com a imunidade, que é vedação constitucional que impede a aplicação da lei tributária em alguns casos.

A isenção pode ser de *caráter geral ou absoluta*, quando beneficia todos os contribuintes do território diretamente, ou de *caráter individual ou relativa*, quando atinge determinados contribuintes, em cada caso dependendo de despacho da autoridade, mediante requerimento do interessado.

---

23. "A imunidade prevista no art. 150, VI, *d*, da CF, abrange os filmes e papéis fotográficos necessários à publicação de jornais e periódicos" (Súmula 657 do STF).

A isenção será ainda *objetiva* (ou real), quando se referir a um produto ou mercadoria, ou *subjetiva* (ou pessoal), quando tocar o caráter pessoal do beneficiário. *Onerosa* (ou condicionada), quando implicar ônus para o interessado, ou *simples*, sem condições. Por *prazo indeterminado* ou por *prazo certo*. *Ampla*, em todo o território, ou *restrita*, apenas em uma região.

A isenção, de regra, pode ser revogada ou modificada por lei a qualquer tempo. Sobre o inicio dos efeitos da revogação, a doutrina e a jurisprudência divergem frontalmente.

Entendem os doutos que a revogação da isenção equivale à criação de novo tributo e, assim, o princípio da anterioridade deve ser respeitado. Desta forma, a revogação somente seria operante no exercício posterior àquele em que foi editada a lei.

Já os tribunais entendem, de forma quase uniforme, que "a lei tributária tem efeito imediato quando revoga a anterior, podendo revogar a isenção desde logo" (TJSP, Ap. cível 199.023-2, São Paulo, 27.10.92, rel. Bueno Magano, e Ap. cível 207.528-2, Santos, 29.6.93, rel. Viana Santos). Para a jurisprudência o princípio da anterioridade não se aplica à revogação da isenção.

Se for estipulado prazo certo, não será possível a revogação, nem a redução do benefício (art. 178). Se a isenção criar ônus ou condição, também não poderá ser revogada livremente pela Administração (Súmula 544 do STF). Entende-se que o contribuinte pode ter sido induzido pelo incentivo a fazer grandes investimentos e, assim sendo, a revogação ou redução da isenção antes do prazo ou após cumprida a condição ensejaria graves e injustos prejuízos.

Salvo disposição legal em contrário, a isenção não se estende aos tributos instituídos depois da concessão.

## 4. Anistia

A anistia exclui o crédito tributário referente à aplicação de penalidades cometidas antes da lei que a concede (também é matéria de reserva legal – art. 97, VI). Não se aplica a anistia aos atos definidos como crime ou contravenção e a todos aqueles praticados com dolo, fraude ou simulação pelo sujeito passivo ou terceiro em seu benefício. Também não se aplica aos casos de conluio entre duas ou mais pessoas, salvo disposição legal em contrário.

A anistia será de *caráter geral*, quando concedida incondicionalmente, sem necessidade de requerimento do interessado. Mas, poderá ocorrer a anistia de *caráter limitado*, restringindo-se a infrações relativas a um determinado tributo, às penalidades até determinado valor, a determinada região ou sob a condição de pagamento do tributo no prazo fixado. Sendo de caráter limitado, a anistia é efetivada, em cada caso, por despacho da autoridade, mediante requerimento e prova do preenchimento das condições.

O despacho concessivo não gera direito adquirido e pode ser revogado, verificando-se que as condições não estão preenchidas.

NÃO INCIDÊNCIA
- *Pura e simples* – mera ausência de tributação, onde a mesma não seria vedada
- *Imunidade* – dispensa do tributo pela Constituição Federal
- *Isenção* – dispensa do tributo por lei ordinária

ANISTIA – dispensa de penalidade

## VI – GARANTIAS E PRIVILÉGIOS DO CRÉDITO TRIBUTÁRIO

Embora não seja clara a diferença, é possível afirmar que a garantia assegura o exercício do direito de receber o crédito e o privilégio se refere à ordem de pagamento em relação a outros credores.

De regra, todos os bens do sujeito passivo respondem pelo pagamento do crédito fiscal (art. 184), mesmo os com garantia real e os gravados. Somente os bens apontados em lei como absolutamente impenhoráveis[24] escapam dessa garantia.

---

24. Nos termos do art. 649 do CPC, "são absolutamente impenhoráveis: I – os bens inalienáveis e os declarados, por ato voluntário, não sujeitos à execução; II – os móveis, pertences e utilidades domésticas que guarnecem a residência do executado, salvo os de elevado valor ou que ultrapassem as necessidades comuns correspondentes a um médio padrão de vida; III – os vestuários, bem como os pertences de uso pessoal do executado, salvo se de elevado valor; IV – os vencimentos, subsídios, soldos, salários, remunerações, proventos de aposentadoria, pensões, pecúlios e montepios; as quantias recebidas por liberalidade de terceiro e destinadas ao sustento do devedor e sua família, os ganhos de trabalhador autônomo e os honorários de profissional liberal, observado o disposto no § 3º deste artigo [*esse § 3º foi vetado*]; V – os livros, as máquinas, as ferramentas, os utensílios, os instrumentos ou

Destaca-se, entretanto, que a doutrina, no que se refere aos bens absolutamente impenhoráveis, tem entendido que podem ser penhorados pela Fazenda Pública os bens cuja inalienabilidade ou impenhorabilidade tenha decorrido de *disposição de vontade*, como a oriunda de contratos, doações ou testamentos.

Nessa linha, portanto, só seriam mesmo absolutamente impenhoráveis os bens assim declarados por lei, como o bem de família legal, os salários, etc.

Com exceção dos créditos trabalhistas, o crédito tributário deve ser pago antes dos demais. Mas os créditos tributários, vencidos e vincendos, exigíveis no curso da falência são considerados créditos extraconcursais e são pagos antes mesmo dos trabalhistas e das dívidas da massa (art. 188).

O crédito fiscal não está sujeito necessariamente ao concurso de credores, inventário ou arrolamento, podendo o Fisco mover independentemente o executivo fiscal respectivo. O exato Yoshiaki Ichihara trata esse fenômeno pelo nome de "supremacia do executivo fiscal".

A favor do Fisco também milita a presunção de fraude na alienação ou oneração de bens ou rendas do sujeito passivo em débito com a Fazenda Pública por crédito inscrito na dívida ativa (art. 185).

Ilide a presunção de fraude a reserva de bens ou rendas suficientes para o total pagamento da dívida em fase de execução.

Se o devedor, citado, não pagar nem apresentar bens à penhora e não forem encontrados bens penhoráveis, o juiz determinará a indisponibilidade de seus bens e direitos, no limite do valor exigível, comunicando a decisão aos órgãos e entidades de registros de bens e às autoridades do mercado de capitais, a fim de que façam cumprir a ordem.

outros bens móveis necessários ou úteis ao exercício de qualquer profissão; VI – o seguro de vida; VII – os materiais necessários para obras em andamento, salvo se essas forem penhoradas; VIII – a pequena propriedade rural, assim definida em lei, desde que trabalhada pela família; IX – os recursos públicos recebidos por instituições privadas para aplicação compulsória em educação, saúde ou assistência social; X – até o limite de 40 salários mínimos, a quantia depositada em caderneta de poupança; XI – os recursos públicos do fundo partidário recebidos, nos termos da lei, por partido político. Mas essa impenhorabilidade não é oponível à cobrança do crédito concedido para a aquisição do próprio bem (§ 1º) e não se aplica no caso de penhora para pagamento de prestação alimentícia (§ 2º)". São também impenhoráveis para todos os efeitos o bem de família legal e seus acessórios, como determina a L 8.009/90 (imóvel residencial próprio, plantações, benfeitorias, equipamentos e móveis, desde que quitados). Mas os créditos de impostos, predial ou territorial, taxas e contribuições devidas em função do imóvel familiar podem ser cobrados via penhora pelo Fisco (art. 3º, IV, da L 8.009/90).

O crédito tributário prefere a qualquer outro, seja qual for sua natureza ou o tempo de sua constituição, ressalvados os decorrentes da legislação do trabalho ou de acidente de trabalho; mas a lei poderá estabelecer limites e condições para a preferência dos créditos da legislação do trabalho.

Havendo concurso, os créditos da União devem ser pagos em primeiro lugar. Depois, serão pagos os créditos dos Estados, Distrito Federal e Territórios, conjuntamente e *pro rata*. Por último, recebem os Municípios, também sujeitando-se ao rateio.

São também pagos preferencialmente os créditos tributários no inventário, no arrolamento e na liquidação judicial ou voluntária de pessoa jurídica de direito privado.

A cobrança judicial de crédito tributário não é sujeita a concurso de credores ou habilitação em falência, recuperação judicial, concordata, inventário ou arrolamento (art. 187 do CTN, na redação da LC 118, de 9.2.2005).

Da mesma maneira, a sentença de julgamento da partilha ou adjudicação, a extinção das obrigações do falido ou a concessão de recuperação judicial, requerem prova de quitação de todos os tributos.

Também para contratar ou ter aceita proposta em concorrência pública é necessária a prova da quitação dos tributos devidos à Fazenda Pública interessada. O art. 193 é bastante liberal, já que exige apenas a prova da quitação em relação à atividade em cujo exercício se quer contratar ou concorrer. Mas o art. 29 da Lei 8.666/93 (Estatuto das Licitações) exige, para habilitação em licitação pública, a prova de regularidade para com a Fazenda Federal, Estadual, Municipal e com a Seguridade Social.

## VII – ADMINISTRAÇÃO TRIBUTÁRIA

### 1. *A administração tributária*

A administração tributária envolve a fiscalização e a arrecadação de tributos, bem como autos de infração, orientação aos contribuintes e expedição de certidões.

Mesmo os isentos ou imunes devem prestar informações ao Fisco e cumprir obrigações tributárias acessórias previstas em lei.

Nos termos do art. 197 do CTN, devem prestar informações com relação aos bens e negócios de terceiros os tabeliães e escrivães, os inventariantes, os bancos e demais pessoas arroladas no dispositivo citado.

Ninguém pode ser obrigado a depor sobre fatos a cujo respeito, por estado ou profissão, deva guardar segredo, como ocorre no caso dos advogados e médicos.

A própria Fazenda deve manter sigilo fiscal, em relação a terceiros, sobre o que tenha apurado (art. 198, CTN), salvo exceções.[25]

Na fiscalização deve ser elaborado termo que indique seu início e o prazo máximo para sua conclusão (art. 196, CTN). Sendo necessário, pode ser requisitado auxílio policial (art. 200, CTN).

Os livros obrigatórios comerciais e fiscais devem ser conservados até a decadência ou a prescrição dos tributos (art. 195, CTN).

## 2. O sigilo bancário

As instituições financeiras devem manter sigilo nas suas operações e serviços, uma vez que a Constituição Federal dispõe que são invioláveis os dados pessoais e a intimidade (art. 5º, X e XII).

Constitui crime a quebra do sigilo (LC 105, de 10.1.2001, arts. 1º e 10). O sigilo abrange a movimentação ativa e passiva do correntista/contribuinte, bem como os serviços a ele prestados (*RT* 743/431).

Na vigência da legislação anterior, centrada principalmente no revogado art. 38 da lei bancária e de mercado de capitais (L 4.595/64), predominou sempre o entendimento de que a quebra do sigilo bancário somente seria possível mediante autorização prévia do Judiciário. Competência igual, embora não unânime na doutrina, tinham, como ainda têm, as Comissões Parlamentares de Inquérito.

Mas a citada LC 105, de 10.1.2001, que dispõe sobre o sigilo das operações de instituições financeiras, trouxe nova ordenação da matéria, com destaque nos pontos a seguir abordados.

O Fisco, independentemente de autorização judicial, poderá examinar dados das instituições financeiras, inclusive referentes a contas de depósitos e aplicações financeiras, havendo processo administrativo ou procedimento fiscal em curso (LC 105, art. 6º, e D regulamentar 3.724, ambos de 10.1.2001).

As Comissões Parlamentares de Inquérito podem obter informações e documentos sigilosos diretamente das instituições financeiras, ou por intermédio do Banco Central do Brasil ou da Comissão de Valores Mobiliários. Mas as solicitações devem ter a aprovação prévia do Plenário da Câmara

---

25. Exceções à regra do sigilo fiscal: requisição judicial; solicitação de autoridade administrativa, mediante processo administrativo; troca de informações entre as Fazendas Públicas; representações fiscais para fins penais; inscrições na Dívida Ativa; parcelamento ou moratória; permuta de informações da Fazenda da União com Estados estrangeiros (CTN, arts. 198 e 199, § único, na redação da LC 104, de 10.1.2001).

dos Deputados, do Senado Federal, ou do plenário de suas respectivas comissões parlamentares de inquérito (LC 105, art. 4º, §§ 1º e 2º).

O sigilo bancário pode ser quebrado nos ilícitos penais, especialmente em modalidades graves, arroladas no art. 1º, § 4º, da LC 105, como, por exemplo, terrorismo, tráfico de entorpecentes ou crimes contra a ordem tributária, na fase do inquérito ou do processo judicial. Presume-se que apenas mediante ordem judicial, uma vez que não há referência a outras autoridades.

Resta observar, com o tempo, a evolução da jurisprudência sobre o tema, diante das modificações introduzidas.

### 3. O instituto da consulta

O contribuinte ou responsável pode consultar a Fazenda sobre o modo exato de cumprir determinada obrigação (D 70.235/72, art. 46).

Na pendência da consulta não se inicia ação fiscal (D 70.235/72, art. 48), nem se aplicam penalidades (CTN, art. 161, § 2º).

Na resposta, pode a Fazenda intimar o consulente a cumprir determinada obrigação.

O procedimento da consulta permite recurso e a reapreciação da matéria em segunda instância, por autoridade superior.

A Fazenda pode considerar a consulta ineficaz ou incabível, faculdade, essa, da Fazenda, que certamente deve desestimular a apresentação de consultas.

Não produz efeito a consulta formulada, por exemplo, por quem já foi intimado a cumprir a obrigação, ou está sob ação fiscal referente ao assunto, ou quando a matéria estiver definida em lei expressa ou ato normativo (D 70.235/72, art. 52).

### VIII – PROCESSO ADMINISTRATIVO

Costuma-se distinguir entre *processo* e *procedimento*. O *processo* é uma sequência de atos dirigidos a um fim. No processo administrativo o fim visado é o pronunciamento de uma autoridade, decidindo ou homologando determinado ato. No processo judicial o fim visado é a sentença. O *procedimento*, por sua vez, é o modo pelo qual o processo anda (rito processual).

Na administração pública o procedimento é geralmente livre ou discricionário, só se exigindo formalismo quando determinado por lei.

No âmbito federal o procedimento fiscal inicia-se pela notificação de lançamento, pelo auto de infração ou pela apreensão de livros e mercadorias (D 70.235/72, art. 7º).

Segue-se o pagamento do tributo devido, ou a impugnação do interessado, dentro dos prazos fixados, geralmente de 30 dias.

A impugnação é julgada geralmente pelos Delegados da Receita Federal, na área da União, ou pelo Delegado Regional Tributário, na área estadual (SP), ou por órgãos auxiliares, como Seções de Julgamento, em decisão de primeira instância.

A decisão destas autoridades pode ser revista, em segunda instância, por exemplo, pelo Conselho Administrativo de Recursos Fiscais (L 11.941/2009), vinculado à estrutura do Ministério da Fazenda. Ou, na esfera estadual (SP), pelo Tribunal de Impostos e Taxas – TIT, na estrutura da Secretaria da Fazenda.

A matéria referente às impugnações e recursos administrativos federais, estaduais e municipais varia bastante, conforme o local, devendo, portanto, ser consultada no momento, caso a caso.

O processo administrativo tributário culmina com a inscrição da dívida apurada no Livro da Dívida Ativa (CTN, art. 201; L 6.830/80, art. 2º, § 5º).

A dívida regularmente inscrita goza de presunção relativa de certeza e liquidez. Presunção relativa é a que pode ser atacada ou eliminada pela prova em contrário.

A Certidão de Dívida Ativa constitui título executivo, habilitando a Fazenda a ingressar em juízo, com ação de execução fiscal, para expropriar bens do devedor, tantos quantos bastem à satisfação do crédito tributário.

## IX – PROCESSOS JUDICIAIS

A Fazenda pode propor contra o contribuinte ou responsável medidas judiciais, como, por exemplo, execução fiscal, ação cautelar fiscal, arrestos, sequestros, etc.

Pela ação cautelar fiscal (L 8.397/92), a Fazenda pode obter a declaração de indisponibilidade dos bens do devedor, no limite do crédito tributário.

O contribuinte ou responsável, por sua vez, pode propor, contra a Fazenda, embargos à execução, ação declaratória de obrigação fiscal indevida, ação de consignação em pagamento (quando há recusa de recebimento, ou não se sabe exatamente a quem se deve pagar), ação de repetição de indébito (para tentar reaver o que foi recolhido indevidamente), ações cautelares, ações anulatórias de débito, mandado de segurança, etc.

## X – EXECUÇÃO FISCAL

### 1. Generalidades

Na execução fiscal a Fazenda ingressa em juízo para a cobrança forçada do crédito tributário.

Podem mover execução fiscal a União, os Estados, o Distrito Federal, os Municípios, bem como as respectivas autarquias e entidades que detenham capacidade tributária por delegação.

Não podem mover execução fiscal as empresas públicas e as sociedades de economia mista.

Rege-se a execução fiscal pela *Lei de Execução Fiscal* (LEF), Lei 6.830, de 22.9.80, e, subsidiariamente, pelo Código de Processo Civil (CPC).

A competência para processar e julgar a execução da dívida ativa exclui a de qualquer outro juízo, inclusive o da falência, da concordata, da liquidação, da insolvência ou do inventário (LEF, arts. 5º e 29).

O crédito fiscal tem preferência sobre qualquer outro. Excetua-se o crédito trabalhista até o limite de 150 salários mínimos (art. 83, L 11.101/05), que ocupa o primeiro lugar na ordem das preferências legais, acima da Fazenda (CTN, art. 186).

### 2. Concurso de preferência entre Fazendas

Se ocorrer concurso de preferência entre pessoas jurídicas de direito público, deve ser obedecida a seguinte ordem: I – União e suas autarquias; II – Estados, Distrito Federal e suas autarquias, em conjunto e *pro rata* (proporcionalmente); III – Municípios e suas autarquias, em conjunto e *pro rata* (proporcionalmente) (LEF, art. 29, § único; CTN, art. 187, § único).

A constitucionalidade dessa matéria é duvidosa, pois o art. 19, III, segunda parte, da Constituição Federal veda que estes entes públicos estabeleçam "preferências entre si". Predomina, porém, o entendimento de que a preferência entre Fazendas é constitucional (Súmula 563 do STF; *JB* 99/159, 99/174, 99/188).

### 3. O Ministério Público

O MP não intervém nas execuções fiscais, salvo se houver interesse de incapaz ou outro motivo previsto no art. 178 do CPC.

A Súmula 189 do STJ estabeleceu que "é desnecessária a intervenção do Ministério Público nas execuções fiscais".

## 4. Fazenda "versus" Fazenda

Pode haver execução fiscal de uma Fazenda Pública contra outra Fazenda Pública (*JTACSP* 162/159; *JB* 99/33).

## 5. Petição inicial

A petição inicial deve vir acompanhada pela Certidão da Dívida Ativa, que tem presunção (relativa) de liquidez e certeza (LEF, art. 3º). A presunção é relativa porque pode ser invalidada por prova em contrário.

A execução abrange o devedor e o responsável tributário, "sem que haja necessidade do nome deste figurar na Certidão de Dívida Ativa" (*RT* 697/131, 721/290, 737/340).

## 6. Citação

Em princípio, a citação é feita pelo Correio, com aviso de recebimento, podendo também ser feita por oficial de justiça, se a Fazenda assim requerer (LEF, art. 8º).

"A citação pelo Correio considera-se feita na data da entrega da carta no endereço do executado" (LEF, art. 8º, II).

"Na execução fiscal, processada perante a Justiça Estadual, cumpre à Fazenda Pública antecipar o numerário destinado ao custeio das despesas com o transporte dos oficiais de justiça" (Súmula 190 do STJ).

### 6.1 Se a citação se efetivar

Se o devedor foi citado pelo Correio ou por oficial de justiça, terá ele cinco dias para fazer o pagamento ou garantir a execução, a contar da data da entrega da carta de citação no seu endereço ou de outro momento em que se considerar consumada a citação.

Garantir a execução significa oferecer bens para serem penhorados, ou fiança bancária, ou depósito em dinheiro (LEF, art. 9º).

Se o devedor fizer o pagamento, extingue-se a execução.

Se o devedor garantir a execução, terá o prazo de 30 dias para apresentar embargos, a partir da intimação da penhora dos bens que ofereceu, ou da data do depósito em dinheiro, ou da juntada da fiança bancária.

Se o devedor não pagar, nem garantir a execução, ser-lhe-ão penhorados tantos bens quantos bastem para cobrir a dívida.

Certos bens não podem ser penhorados, por serem legalmente impenhoráveis. Nesta classe estão as moradias familiares (bem de família – L 8.009/90), os vencimentos e salários, o anel nupcial e outros bens arrolados no art. 833 do CPC.

A jurisprudência tem admitido a penhora do faturamento de empresa, mas só até o limite de 30% das duplicatas a receber.[26]

Tem-se admitido a penhora de bens de sócio da sociedade devedora, pelo Fisco, no caso de cessação das atividades sem dissolução regular.[27] E sempre que se caracterizar responsabilidade tributária do sócio, por transferência ou substituição, mesmo que o seu nome não conste da Certidão da Dívida Ativa.[28]

Imóvel hipotecado pode ser penhorado pelo Fisco.[29]

O juiz pode expedir ofício a órgãos públicos ou particulares, indagando sobre a existência e localização de bens do devedor.[30]

*Penhora eletrônica.* Nos termos do art. 185-A do CTN, se não forem encontrados bens penhoráveis, o juiz determinará a indisponibilidade dos bens do devedor, comunicada a decisão, preferencialmente por meio eletrônico, ao Registro de Imóveis e entidades financeiras.

Se não forem encontrados bens penhoráveis, o processo não deve ser extinto, mas apenas suspenso.[31] Após a suspensão por um ano, sem alteração, remete-se o processo ao arquivo provisório.[32]

Ao fazer a penhora, deve o oficial de justiça avaliar os bens (LEF, art. 13). A avaliação poderá ser impugnada pelas partes até a publicação do edital de leilão (LEF, art. 13, § 1º). No caso de imóvel, cabe ao exequente providenciar a averbação do arresto ou penhora no Registro de Imóveis (LEF, arts. 7º, IV, e 14; CPC, art. 844).

O devedor terá o prazo de 30 dias para oferecer embargos, a partir da intimação da penhora (LEF, art. 16).[33] Se a penhora for ampliada para outros bens, no decorrer do processo, não haverá novo prazo, valendo apenas o prazo inicial.

---

26. *RT* 692/88, 695/107, 710/79, 726/262; *RJTJESP* 121/179, 122/291, 125/325.
27. *RT* 572/240, 605/73, 702/154; *RJTJESP* 112/142, 125/123.
28. *RT* 697/131, 721/290, 737/340; *JTACSP* 87/94; *JB* 99/43, 99/48, 99/73.
29. *RT* 579/88, 580/111, 590/119, 607/65, 737/450; *JTJ* 184/54; *JB* 99/59.
30. *RT* 729/185; *JTJ* 177/213.
31. *RT* 721/204.
32. *RT* 706/184.
33. Recaindo a penhora em bens imóveis, deve ser intimado também o cônjuge do devedor (art. 669, § único, do CPC) (art. 12, § 2º, da LEF).

Se houver embargos do devedor, e os mesmos forem julgados procedentes, termina o processo, com a extinção da execução.

Se os embargos do devedor forem julgados improcedentes, segue o processo, com vista à Fazenda, edital de leilão, leilão e entrega do resultado à Fazenda, ou adjudicação a ela dos bens leiloados.

O edital de leilão é afixado no fórum e publicado, em resumo, uma só vez, gratuitamente, no órgão oficial (LEF, art. 22).

Neste edital consta também a data e o local do segundo leilão, para a hipótese de não haver interessados no primeiro (CPC, art. 886, V).[34]

Não se admite lance por preço vil, assim entendido preço inferior ao mínimo constante do edital, ou, não havendo, preço inferior a 50% do valor da avaliação (art. 891 e § único, do CPC).

A falta de licitante não causa a extinção do processo de execução.[35]

### 6.2 Se a citação não se efetivar, mas forem encontrados bens

Pode ocorrer que o devedor não seja encontrado, impossibilitando a citação pelo Correio ou por oficial de justiça. Neste caso, se forem encontrados bens, procede-se ao arresto dos mesmos (LEF, art. 7º, III).

Após efetuar o arresto, o oficial de justiça, nos dez dias seguintes, deverá procurar o devedor, por duas vezes, em dias distintos, para tentar a citação pessoal (CPC, art. 830).

O arresto equivale a uma pré-penhora, como ensina Araken de Assis.[36]

Não alcançada a citação (pessoal ou por hora certa), o devedor é citado e intimado do arresto por edital. O edital é afixado no fórum e publicado uma só vez no órgão oficial, gratuitamente.

Findo o prazo do edital, terá o devedor cinco dias para pagamento, convertendo-se o arresto em penhora em caso de não pagamento (CPC, art. 830, § 3º). Nos termos da lei, a conversão é automática. Pode, porém, a conversão ser formalmente declarada por despacho do juiz.

---

34. RT 628/125, 696/216, 735/230; JB 99/164, 99/180.
35. RT 591/101, 594/76.
36. Manual do Processo de Execução, 2ª ed., SP, Ed. RT, 1995, p. 730.

Após a conversão do arresto em penhora, deve o executado ser intimado do ato, por novo edital, ou pessoalmente, se encontrado, para marcar o início do prazo de 30 dias, em que se lhe faculta a apresentação de embargos (art. 16, III, LEF).

Todavia, para evitar dois editais sucessivos, existe a praxe de se fazer tudo num único edital (citação; intimações do arresto, do prazo de cinco dias para pagamento ou nomeação de bens à penhora, da conversão automática do arresto em penhora, em caso de não pagamento, e do prazo de 30 dias para embargos, a partir da conversão).

Vencido o prazo para embargos, sem manifestação, deve ser nomeado curador especial para o revel citado por edital. O curador, se houver elementos, oferecerá os embargos, pelo devedor (Súmula 196 do STJ) (*RSTJ* 68/280).

6.3 *Se a citação não se efetivar e não forem encontrados bens*

Se o devedor não for encontrado, na citação pelo Correio ou por oficial de justiça, e também não forem encontrados bens, suspende-se o processo (LEF, art. 40), decretando-se a indisponibilidade dos bens e direitos do devedor (penhora eletrônica, art. 185-A, do CTN).

A Fazenda terá vista do processo, para manifestar-se sobre a suspensão. Havendo interesse, poderá ela requerer a citação edital do devedor, ou a citação pessoal do responsável pelo débito tributário.

Durante a suspensão não corre a prescrição (LEF, art. 40).

Suspensa a execução, aguarda-se por um ano eventuais dados para prosseguimento. Persistindo o impasse, vão os autos para o arquivo provisório.

A qualquer tempo poderá ser retomado o processo, se encontrados o devedor ou bens penhoráveis.

7. **Os embargos do devedor**

Os embargos constituem meio de defesa contra a execução, dirigida ao próprio juiz da causa.

Além do aspecto de defesa, considera-se que os embargos constituem verdadeira ação paralela, dentro do mesmo processo, movida pelo devedor para desconstituir o título executivo, no caso a Certidão de Dívida Ativa.

O devedor tem o prazo de 30 dias, na execução fiscal, para oferecer embargos, a partir da intimação da penhora, ou da data do depósito em dinheiro, como garantia, ou da juntada da fiança bancária.

Os embargos podem basear-se, entre outros motivos arrolados na lei, na nulidade do título, na ilegitimidade de parte, na prova de pagamento já realizado, na prescrição, etc.

Os embargos são distribuídos por dependência e autuados em separado (CPC, art. 914, § 1º) (*JB* 99/181).

Apresentados os embargos, dentro do prazo, seguem-se a impugnação da Fazenda (30 dias) e a designação de audiência de instrução e julgamento (LEF, art. 17).

Se forem julgados procedentes os embargos, extingue-se o processo. A sentença proferida contra a União, o Estado e o Município sujeita-se ao reexame necessário, devendo ser confirmada pelo tribunal (CPC, art. 496, II).

Tem-se entendido que o reexame é dispensado nas execuções fiscais com valor igual ou inferior a 50 ORTN (valor a ser corrigido pelos índices oficiais existentes) (*JTACSP* 80/187, 84/154).

Se forem julgados improcedentes os embargos, segue a execução, nos seus ulteriores termos.

Da sentença que julga os embargos cabe *apelação*. Nas causas de valor igual ou inferior a 50 ORTN (valor a ser corrigido pelos índices oficiais existentes) não cabe apelação, mas apenas "embargos de alçada", também denominados "embargos infringentes", dirigidos ao próprio juiz da causa (LEF, art. 34).

Cabem também *embargos de declaração*, antes da apelação ou dos embargos de alçada, para pedir esclarecimentos sobre o teor da sentença, ao próprio juiz da causa, quando nela houver obscuridade ou contradição, ou for omitido ponto sobre o qual devia pronunciar-se o juiz (CPC, art. 1.022).

**Esquema da Execução Fiscal**

V. esquema na página seguinte.

## ESQUEMA DA EXECUÇÃO FISCAL – LEI 6.830/80

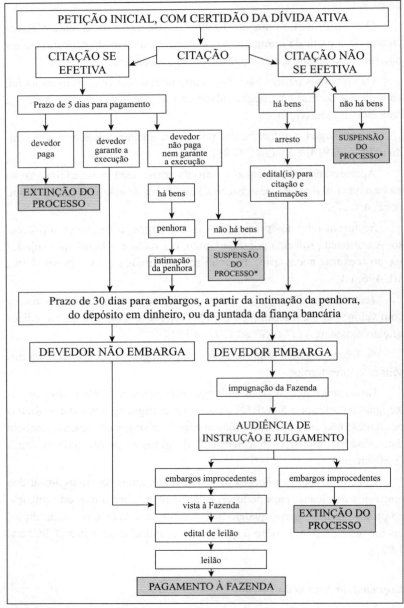

\* Com a decretação da indisponibilidade dos bens do devedor (art. 185-A, CTN).

# SEGUNDA PARTE

# IMPOSTOS

*I – IMPOSTOS. II – IMPOSTOS FEDERAIS: 1. Imposto de importação-II. 2. Imposto de exportação-IE. 3. Imposto sobre a renda e proventos de qualquer natureza-IR. 4. Imposto sobre produtos industrializados-IPI. 5. Imposto sobre operações de crédito, câmbio e seguro, ou relativas a títulos ou valores mobiliários (mais conhecido como "imposto sobre operações financeiras-IOF"). 6. Imposto sobre a propriedade territorial rural-ITR. 7. O SIMPLES. III – IMPOSTOS ESTADUAIS: 1. Imposto sobre transmissão "causa mortis" e doação de quaisquer bens ou direitos-ITCMD (heranças e doações). 2. Imposto sobre operações relativas à circulação de mercadorias e sobre prestações de serviços de transporte interestadual e intermunicipal e de comunicação-ICMS. 3. Imposto sobre a propriedade de veículos automotores-IPVA. IV – IMPOSTOS MUNICIPAIS: 1. Imposto sobre a propriedade predial e territorial urbana-IPTU. 2. Imposto sobre a transmissão "inter vivos" de bens imóveis, por ato oneroso-ITBI (também conhecido como sisa). 3. Imposto sobre serviços de qualquer natureza-ISS.*

## I – IMPOSTOS

### 1. Quais são os impostos

São *impostos federais* (art. 153 da CF):

– II, imposto sobre importação;

– IE, imposto sobre exportação;

– IR, imposto sobre renda e proventos de qualquer natureza;

– IPI, imposto sobre produtos industrializados;

– IOF, imposto sobre operações de crédito, câmbio e seguro, ou relativas a títulos ou valores mobiliários;

– ITR, imposto sobre a propriedade territorial rural;

– IGF, imposto sobre grandes fortunas (ainda não em vigor, aguardando regulamentação, por lei complementar);

– RESIDUAIS, de competência residual da União, não previstos na Constituição, mas que podem ser criados por lei complementar (art. 154, I, da CF);

– EXTRAORDINÁRIOS, instituíveis pela União, no caso de guerra ou iminência desta (art. 154, II, da CF).

São *impostos estaduais* (art. 155 da CF):

– ITCMD, imposto sobre transmissão *causa mortis* e doação de quaisquer bens ou direitos (heranças e doações);

– ICMS, imposto sobre operações relativas à circulação de mercadorias e sobre prestações de serviços de transporte interestadual e intermunicipal e de comunicação;

– IPVA, imposto sobre a propriedade de veículos automotores.

São *impostos municipais* (art. 156 da CF):

– IPTU, imposto sobre a propriedade predial e territorial urbana;

– ITBI, imposto sobre a transmissão *inter vivos* de bens imóveis, por ato oneroso (sisa);

– ISS, imposto sobre serviços de qualquer natureza, exceto os previstos no ICMS.

## 2. Classificação dos impostos

Os impostos costumam ser classificados da seguinte forma:

*Pessoais* são os que têm uma pessoa como ponto de referência (IR).

*Reais* (do latim *res, rei*, coisa) são os que têm uma coisa como ponto de referência (IPTU).

*Diretos* são os relativos apenas ao contribuinte, sem possibilidade de transferência do encargo a outrem (IR). *Indiretos* são os relativos a operações com possibilidade de transferência do encargo a outrem (ICMS).

NOTA. AIR-*Adicional de Imposto de Renda*. Este imposto, de competência dos Estados, foi extinto a partir de 1.1.96, pela EC 3, de 17.3.93. Previa um adicional de até 5% sobre o IR devido por ganhos de capital.

IVVC-*Imposto sobre Venda a Varejo de Combustíveis Líquidos e Gasosos*. De competência dos Municípios, também foi extinto a partir de 1.1.96, pela mesma EC 3.

*Distrito Federal.* Ao Distrito Federal cabem, cumulativamente, tanto os impostos estaduais como os municipais (CF, arts. 32, § 1º, e 147; CTN, art. 18, II).

*Fixos* são os estipulados em quantia certa (ISS sobre profissões liberais). *Proporcionais* são os estipulados segundo alíquotas ou percentagens incidentes sobre bases de cálculo (ICMS).

*Progressivos* são aqueles cujos índices podem ser aumentados gradativamente, em relação ao aumento dos valores sobre os quais incidem (IPTU progressivo – art. 156, § 1º, da CF). *Regressivos*, o contrário dos progressivos.

*Cumulativos* são os cobrados integralmente a cada vez que se repete a operação (ITBI). *Não cumulativos* são aqueles em que se pode deduzir, em cada operação, a quantia cobrada na operação anterior (IPI ou ICMS).

*Ordinários* são os relacionados na Constituição. *Extraordinários* são os que podem ser criados pela União em caso de guerra ou iminência desta (art. 154, II, da CF).

*Residuais* são os de competência residual da União, não nomeados na Constituição, que poderão ser criados por lei complementar (art. 154, I, da CF).

CLASSIFICAÇÃO DOS IMPOSTOS
- *pessoais ou reais*
- *diretos ou indiretos*
- *fixos ou proporcionais*
- *progressivos ou regressivos*
- *cumulativos ou não cumulativos*
- *ordinários ou extraordinários*
- *residuais*

## II – IMPOSTOS FEDERAIS

### 1. *Imposto de importação-II*

*Competência*: União (art. 153, I, da CF).

*Fato gerador*: entrada no País de mercadoria a ele destinada (e não apenas de passagem). A formalização dá-se no desembaraço aduaneiro (DL 37, de 18.11.66, arts. 23 e 44).

*Função extrafiscal*: especial função extrafiscal, como instrumento regulador do comércio exterior.

*Não anterioridade*: o imposto de importação não se sujeita ao princípio da anterioridade (art. 150, § 1º, da CF).[1]

*Alíquota*: pode ser *específica*, tendo em vista o modo de medir o produto (imposto *x* por quilo, por metro, por dúzia, etc.), ou *ad valorem*, tendo em vista apenas o valor do bem (CTN, art. 20). As alíquotas podem ser alteradas pelo Executivo (art. 153, § 1º, da CF; art. 21 do CTN).

*Território aduaneiro*: é a área onde pode ser exigido o tributo, ou seja, todo o território nacional. A *zona primária* do território aduaneiro refere-se aos portos, aeroportos e outros locais alfandegados. A *zona secundária* abrange o território restante.

*"Drawback" (retorno)*: incentivo fiscal que pode ser dado na importação de produtos ou matérias com vistas à sua posterior exportação, depois de beneficiamento ou agregação a outros produtos. Facilita-se a importação de certos itens, para incrementar a exportação de outros, por meio de restituição, suspensão ou isenção de tributos (DL 37/66, art. 78).

*Cumulação de impostos*: na importação incidem três impostos. O II, o IPI e o ICMS. O IPI é calculado sobre a mercadoria mais os valores do II, das taxas e dos encargos cambiais (CF, arts. 153, I e IV, e 155, § 2º, IX; CTN, art. 47, I; LC 87/96, art. 2º, § 1º, I).[2]

*Legislação aplicável*: art. 153, I, da CF; arts. 19 a 22 do CTN; L 3.244, de 14.8.57; DL 37, de 18.11.66; DL 2.472, de 1.9.88. E, em grande parte, atos administrativos normativos, expedidos frequentemente.

*Acordos tarifários internacionais*: os países procuram uniformizar seus tributos, para melhor desenvolver o comércio exterior. Exs.: GATT (*General Agreement on Tariffs and Trade*, Genebra, 1947), CEE, Nafta, Mercosul, etc.

NOTA. *Responsabilidade civil do importador*. O importador responde, independentemente de culpa, pela reparação de danos causados aos consumidores por defeito dos produtos, ou por informações insuficientes ou inadequadas sobre sua utilização e riscos (CDC, L 8.078/90, art. 12).

1. Como vimos, pelo princípio da anterioridade, a criação ou o aumento do tributo só vale a partir do dia 1º de janeiro do ano seguinte ao de sua publicação, salvo exceções expressas, entre as quais se encontra o imposto de importação (art. 150, III, "b", da CF).

2. A L 10.865/2004 acrescentou mais dois tributos na importação, o PIS e o Cofins.

## 2. Imposto de exportação-IE

*Competência*: União (art. 153, II, da CF).

*Fato gerador*: saída de produtos nacionais ou nacionalizados, para o exterior. Nacionalizados são os importados que aqui foram beneficiados ou transformados. A formalização dá-se no momento da expedição da guia de exportação ou documento equivalente (DL 1.578/77, art. 1º, § 1º).

*Função extrafiscal*: especial função extrafiscal, como instrumento regulador do comércio exterior.

*Não anterioridade*: o imposto de exportação não se sujeita ao princípio da anterioridade (art. 150, § 1º, da CF).

*Alíquota*: 10%, podendo ser reduzida ao índice zero, ou aumentada até quatro vezes (art. 153, § 1º, da CF; art. 3º do DL 1.578/77).

*Legislação aplicável*: art. 153, II, da CF; arts. 23 a 28 do CTN; DL 1.578/77.

*Não incidência do IPI*: não incide IPI nos produtos destinados ao exterior (art. 153, § 3º, III, da CF).

*Não incidência do ICMS*: não incide ICMS nas operações e prestações que destinem ao exterior mercadorias, inclusive produtos primários e produtos industrializados semielaborados, ou serviços (art. 3º, II, da LC 87/96).

*Exportação direta ou indireta*: a mercadoria pode ser faturada pelo produtor diretamente ao exterior. Ou passar primeiro por um intermediário, com a nota, desde logo, de que se destina a exportação.

## 3. Imposto sobre a renda e proventos de qualquer natureza-IR

*Competência*: União (art. 153, III, da CF).

*Fato gerador*: aquisição da disponibilidade econômica ou jurídica de renda ou proventos de qualquer natureza (CTN, art. 43). Disponibilidade econômica é a disponibilidade de fato (CTN, art. 116, I). Disponibilidade jurídica é a obtida pelo preenchimento de formalidade legal, como no recebimento de doação de imóvel (CTN, art. 116, II).

O assunto não é pacífico. Para alguns autores a disponibilidade econômica seria a disponibilidade efetiva ou já obtida, ao passo que a disponibilidade jurídica seria a obtenção de um direito de crédito.

De qualquer forma, não há renda nem provento sem acréscimo patrimonial. Por isso, pode-se dizer que o fato gerador do imposto de renda é o acréscimo patrimonial.

*Renda*: é o produto do capital, ou do trabalho, ou da combinação de ambos (CTN, art. 43, I).

*Proventos*: são todos os outros acréscimos patrimoniais, como aposentadorias, pensões, doações, etc.

Renda e proventos constituem os rendimentos tributáveis.

*Danos morais – Indenização*: "Não incide Imposto de Renda sobre a indenização por danos morais" (Súmula 498 do STJ).

*Sujeito passivo*: sujeito passivo é a pessoa física ou jurídica que registra acréscimos em seu patrimônio (contribuinte). Pode ser também quem tem a obrigação de reter o imposto na fonte (responsável).

*Legislação aplicável*: CF, art. 153, III; CTN, arts. 43 a 45; leis fiscais sucessivas, com frequentes alterações; Regulamento do IR.

### 4. Imposto sobre produtos industrializados-IPI

*Competência*: União (art. 153, IV, da CF).

*Produtos industrializados*: consideram-se produtos industrializados os modificados ou aperfeiçoados para o consumo (CTN, art. 46, § único). A industrialização consiste em beneficiamento, transformação, montagem, acondicionamento ou renovação.

*Fato gerador*: o IPI tem como fato gerador:

1º) o desembaraço aduaneiro do produto, quando de procedência estrangeira (CTN, art. 46, I). O IPI, no caso, incide não só sobre o preço da mercadoria, mas também sobre o que foi pago a título de imposto de importação, taxas e encargos cambiais (CTN, art. 47);

2º) a saída do produto do estabelecimento de importador, industrial, comerciante ou arrematante. No caso de comerciante, o IPI só é devido nos produtos sujeitos ao imposto e se ele vender o produto para um industrial (CTN, art. 51, III);

3º) arrematação, em leilão, de produto apreendido ou abandonado (CTN, art. 46, III).

*Seletividade*: o IPI tem alíquota maior ou menor, conforme a essencialidade do produto.

*Não cumulatividade*: o IPI pago numa operação deduz-se do IPI a ser pago na operação seguinte, na passagem da mercadoria de uma empresa para outra (ou de um estabelecimento para outro, da mesma empresa – art. 51, § único, do CTN). Mas não entram no cômputo produtos destinados ao ativo permanente, que não fazem parte do processo de industrialização.*

Na contabilidade, o IPI que foi pago anteriormente, pelos fornecedores, figura como CRÉDITO. E o IPI a ser pago na saída do produto final figura como DÉBITO. Haverá imposto a recolher se no período o débito for maior que os créditos.

*Não anterioridade*: o IPI não se sujeita ao princípio da anterioridade (art. 150, § 1º, da CF).

*Não incidência na exportação*: não incide IPI nos produtos destinados ao exterior (CF, art. 153, § 3º, III). Tecnicamente, trata-se de imunidade, uma vez que a dispensa é dada pela própria Constituição Federal.

*Legislação aplicável*: CF, art. 153, IV; CTN, arts. 46 a 51; L 4.502/64; Regulamento do IPI.

5. **Imposto sobre operações de crédito, câmbio e seguro, ou relativas a títulos ou valores mobiliários**
   **(mais conhecido como "imposto sobre operações financeiras-IOF")**

*Competência*: União (CF, art. 153, V).

*Função extrafiscal*: pode ser também usado como instrumento da política financeira.

*Fato gerador*: o IOF incide sobre as operações mencionadas. E também sobre o ouro, quando definido por lei como ativo financeiro (CF, art. 153, § 5º).

---

\* *Creditamento*. "A aquisição de bens integrantes do ativo permanente da empresa não gera direito a creditamento de IPI" (Súmula 495 do STJ).

*Não anterioridade*: o IOF não se sujeita ao princípio da anterioridade (art. 150, § 1º, da CF).

*Legislação aplicável*: CF, art. 153, V; CTN, arts. 63 a 67; L 5.143/66; L 8.894/94; DL 1.783/80; L 8.033/90.

## 6. Imposto sobre a propriedade territorial rural-ITR

*Competência*: União (CF, art. 153, VI). Mas 50% são repassados para os Municípios, relativamente aos imóveis neles situados (CF, art. 158, II).

*Fato gerador*: propriedade, domínio útil ou posse de terra, fora da zona urbana, em 1º de janeiro de cada ano.[3]

Não importa a destinação efetiva do imóvel, agrícola ou residencial. O que vale é a sua localização fora da zona urbana (CTN, art. 32, §§ 1º e 2º). O ITR só incide sobre a terra, e não sobre construções, instalações e benfeitorias.

O CTN refere como tributável a propriedade, o domínio útil e a posse de imóvel *por natureza*, como definido na lei civil (CTN art. 29). O atual Código Civil (art. 79) não discerne mais o *imóvel por natureza* do *imóvel por acessão*, como fazia a lei antiga, englobando no mesmo conceito o solo e tudo quanto a ele se incorporar de forma natural ou artificial. No entanto, continua vigorando a diferenciação doutrinária. *Imóvel por natureza* compreende o solo, a sua superfície e seus acessórios e adjacências naturais (árvores, frutos pendentes, espaço aéreo e subsolo). *Imóvel por acessão* compreende os edifícios e as construções acrescidas artificialmente ao solo.

*Propriedade, domínio útil ou posse de terra*: a propriedade é a soma de todos os direitos que alguém possa ter sobre uma coisa. O domínio útil é um aspecto da propriedade, que pode ser destacado e entregue a outrem. O usufrutuário, p. ex., tem o domínio útil da coisa, podendo fruir as utilidades e frutos dela, enquanto estiver a mesma temporariamente em regime de usufruto, destacado da propriedade (CC, art. 1.390).

Posse é a detenção de uma coisa em nome próprio. Os inquilinos e os depositários não são possuidores, e sim meros detentores, pois detêm a coisa em nome alheio, e não em nome próprio.

*Zona rural*: o conceito de zona rural dá-se por exclusão. É rural a zona que não for urbana. E zona urbana é aquela que estiver assim definida por lei municipal (CTN, art. 32, §§ 1º e 2º).

---

3. A descrição do imóvel rural, e seus respectivos limites, deve ser feita por profissional habilitado, com base em coordenadas geodésicas (L 10.267/2001; D. 4.449/2002).

*Seletividade*: o ITR deve ser seletivo, com alíquotas fixadas de forma a desestimular a manutenção de propriedades improdutivas, não incidindo sobre pequenas glebas rurais, definidas em lei, quando as explore, só ou com sua família, o proprietário que não possua outro imóvel (CF, art. 153, § 4º).

*Imunidade*: é a dispensa do tributo por força da CF. O art. 153, § 4º, dispensa do ITR as pequenas glebas rurais, definidas em lei.

Complementando o dispositivo constitucional, a Lei 9.393/96 definiu como pequenas glebas rurais, de um modo geral, as que tenham área igual ou inferior a 30ha (300.000m$^2$), ou 100ha na Amazônia Ocidental e Pantanal, ou 50ha no Polígono das Secas e Amazônia Oriental.[4]

*Isenção*: é a dispensa do tributo, por força de lei ordinária. A Lei 9.393/96 estabelece algumas isenções, como no caso de imóvel rural compreendido em programa de reforma agrária, dentro das condições que menciona.

*Declarações que o contribuinte deve fazer*: o contribuinte deve inscrever o imóvel rural no Cadastro de Imóveis Rurais – CAFIR, da Secretaria da Receita Federal, comunicando eventuais alterações dentro de 60 dias.

A cada ano, deve também o contribuinte declarar o valor da terra nua (VTN), correspondente ao imóvel. Imóveis imunes e isentos estão dispensados da declaração anual (L 9.393/96, art. 8º, § 3º).

*Cálculo do imposto*: "A apuração e o pagamento do ITR serão efetuados pelo contribuinte, independentemente de prévio procedimento da administração tributária, nos prazos e condições estabelecidos pela Secretaria da Receita Federal, sujeitando-se a homologação posterior" (L 9.393/96, art. 10).

O imposto é apurado aplicando-se sobre a base de cálculo a alíquota indicada no Anexo da Lei 9.393/96.

A base de cálculo é o valor da terra nua tributável (VTNt) (art. 11).

Temos, assim:

$$VTNt \times alíquota = imposto\ devido$$

---

4. A L 9.393/96 refere-se a áreas da chamada Amazônia Legal, conforme especificada na L 5.173, de 27.10.66, abrangendo os Estados do Acre, Pará, Amazonas e outros, bem como parte de outros, numa extensão total de 4.990.520km$^2$.

*Como achar a base de cálculo, ou o VTNt*: para se chegar ao VTNt temos de passar pelos conceitos de valor da terra nua (VTN) e de área tributável.

*Valor da terra nua (VTN)*: é o valor do imóvel, excluindo-se, porém, os valores relativos a:

a) construções, instalações e benfeitorias;
b) culturas permanentes e temporárias;
c) pastagens cultivadas e melhoradas;
d) florestas plantadas (L 9.393/96, art. 10, § 1º, I).

*Terra nua*, portanto, é a parte não explorada do imóvel rural, sem culturas nem construções.

*Área tributável*: é a área total do imóvel, menos as áreas de preservação permanente, de interesse ecológico ou imprestáveis, conforme definição e requisitos dados pelo art. 10, § 1º, II, da lei citada.

Tendo em mãos o valor da terra nua (VTN) e a área tributável, chega-se ao valor da terra nua tributável (VTNt), multiplicando-se o VTN pelo número resultante da divisão da área tributável pela área total (L 9.393/96, art. 10, § 1º, III).

*Alíquota*: a fixação da alíquota exige também algum cálculo.

Para achar a alíquota correta, na tabela de alíquotas, do Anexo, deve-se cruzar a coluna referente às áreas totais dos imóveis com uma das colunas referentes ao grau de utilização.

Obtém-se o grau de utilização (GU) pela relação percentual entre a área efetivamente utilizada e a área aproveitável (art. 10, § 1º, VI).

*Área aproveitável*: é a passível de exploração agrícola, pecuária, granjeira, aquícola ou florestal (excluídas as áreas ocupadas por benfeitorias úteis e necessárias e as áreas de preservação permanente, de interesse ecológico e imprestáveis – art. 10, § 1º, IV).

*Área efetivamente utilizada*: é a porção do imóvel que no ano anterior tenha servido para atividades agrícolas, pastoris, extrativas, granjeiras ou aquícolas, de acordo com os requisitos dados pelo art. 10, § 1º, V, da Lei 9.393/96.

A alíquota vai de 0,03% a 20%, conforme a área do imóvel e o grau de utilização.

Sobre a alíquota mais pesada, observa Hugo de Brito Machado: "Com essa alíquota, assim tão elevada, o tributo tem inescondível efeito confiscatório, suscitando, pois, a questão de sua constitucionalidade, em face do art. 150, inciso IV, da CF, que veda à União, aos Estados e aos Municípios utilizar tributo com efeito de confisco" (*Curso de Direito Tributário*, 31ª ed., Malheiros Editores, p. 363).

VTN = valor do imóvel, menos construções, culturas, pastagens, florestas plantadas

$$VTNt = IVTN \times \frac{\text{área tributável}}{\text{área total}}$$

Alíquota = área total cruzada com o grau de utilização

Imposto devido = VTNt × alíquota

### ANEXO À LEI N. 9.393, DE 19 DE DEZEMBRO DE 1996

Tabela de Alíquotas do ITR
(art. 11)

| Área total do imóvel (em hectares) | Grau de Utilização GU (em %) | | | | |
|---|---|---|---|---|---|
| | maior que 80% | maior que 65 até 80% | maior que 50 até 65% | maior que 30 até 50% | até 30% |
| até 50 | 0,03 | 0,20 | 0,40 | 0,70 | 1,00 |
| maior que 50 até 200 | 0,07 | 0,40 | 0,80 | 1,40 | 2,00 |
| maior que 200 até 500 | 0,10 | 0,60 | 1,30 | 2,30 | 3,30 |
| maior que 500 até 1.000 | 0,15 | 0,85 | 1,90 | 3,30 | 4,70 |
| maior que 1.000 até 5.000 | 0,30 | 1,60 | 3,40 | 6,00 | 3,00 |
| acima de 5.000 | 0,45 | 3,00 | 6,40 | 12,00 | 20,00 |

## 7. O SIMPLES

O SIMPLES é um sistema integrado de pagamento de impostos e contribuições das microempresas (ME) e das empresas de pequeno porte (EPP), com o pagamento unificado de vários impostos e contribuições (LC 123, de 14.12.2006, com as alterações da LC 127, de 14.8.2007).

Microempresa é a que tem receita bruta anual até R$ 360.000,00, e empresa de pequeno porte a partir deste valor até R$ 4.800.000,00 (cf. art. 3º, I e II, da LC 123/2006).

A inscrição no SIMPLES permite pagamento mensal unificado de oito verbas:

IRPJ – Imposto de Renda de Pessoa Jurídica;

IPI – Imposto sobre Produtos Industrializados;

CSLL – Contribuição Social sobre o Lucro Líquido;

COFINS – Contribuição para Financiamento da Seguridade Social;

PIS/PASEP – Contribuição para os Programas de Integração Social e de Formação do Patrimônio do Servidor Público;

INSS – Instituto Nacional de Seguridade Social (sobre a folha de pagamento);

ICMS – Imposto sobre Operações Relativas à Circulação de Mercadorias e sobre Prestações de Serviços de Transporte Interestadual e Intermunicipal e de Comunicação;

ISS – Imposto sobre Serviços de qualquer Natureza.

Nos termos da Lei Complementar 123/2006, a inscrição como microempresa ou empresa de pequeno porte abrange também os seguintes fatores:

– preferência nas licitações públicas (art. 44);

– acesso aos Juizados Especiais Cíveis (art. 74);

– fiscalização tributária orientadora (dupla visita) (art. 55);

– dispensa da publicação de atos societários (art. 71);

– dispensa de algumas obrigações trabalhistas (art. 51);

– estímulo ao crédito (art. 57).

Algumas empresas não podem optar pelo SIMPLES, como, por exemplo, as sociedades anônimas e as que se dedicam a consultoria.[5]

## III – IMPOSTOS ESTADUAIS

### 1. Imposto sobre transmissão "causa mortis" e doação de quaisquer bens ou direitos-ITCMD (heranças e doações)

*Competência*: Estados e Distrito Federal (CF, art. 155, I). No caso de imóveis, o imposto é recolhido pelo Estado onde se situam. No caso de bens

---

5. LC 123/2006, arts. 3º, § 4º, e 17.

móveis, pelo Estado onde se processar o inventário ou tiver domicílio o doador (CF, art. 155, § 1º).

*Fato gerador (nas heranças)*: em princípio, o fato gerador, nas heranças, é a transmissão de bens de pessoa falecida para os seus herdeiros, transmissão, essa, que ocorre no momento da morte (CC, art. 1.572). Mas há que se proceder ao inventário, para se verificar o que foi deixado e o que foi transmitido.

Por isso, formalmente, o fato gerador é apurado no inventário ou arrolamento, onde se verificará judicialmente a legitimidade dos herdeiros (CTN, art. 116, II).

O fato gerador, então, em regra, não será um só, mas haverá "tantos fatos geradores distintos quantos sejam os herdeiros ou legatários" (CTN, art. 35, § único).

*Fato gerador (nas doações)*: nas doações o fato gerador ocorre quando se aperfeiçoa a doação.

*Alíquotas*: as alíquotas são fixadas pela legislação de cada Estado. Cabe ao Senado Federal fixar a alíquota máxima (CF, art. 155, § 1º, IV). A Resolução 9/92, do Senado Federal, fixou a alíquota máxima em 8%.

## 2. Imposto sobre operações relativas à circulação de mercadorias e sobre prestações de serviços de transporte interestadual e intermunicipal e de comunicação-ICMS

O ICMS incide sobre a circulação de mercadorias e sobre dois tipos de serviços: transporte (interestadual ou intermunicipal) e comunicações.

A sigla é ICMS. Mais adequada, porém, seria a sigla *ICM-Dois SS*, ou *ICMDS*, imposto de circulação de mercadorias e de dois serviços. Fora desses dois serviços, todos os demais vinculam-se ao ISS (ou são isentos, se não estiverem na lista dos serviços tributáveis pelo ISS).

O ICMS substituiu o anterior ICM (imposto de circulação de mercadorias), bem como o mais antigo IVC (imposto de vendas e consignações).

*Competência*: Estados e Distrito Federal (CF, art. 155, II).

*Não cumulatividade*: o ICMS é não cumulativo, compensando-se o que for devido em cada operação com o montante cobrado nas operações anteriores, assemelhando-se nesse ponto com o IPI (CF, art. 155, § 2º, I).

*Seletividade*: o ICMS pode ser seletivo, em função da essencialidade das mercadorias e serviços (CF, art. 155, § 2º, III).

*Circulação de mercadorias*: circulação é a movimentação da mercadoria dentro da corrente comercial. *Mercadorias* são coisas móveis destinadas ao comércio. Caracteriza-se o comércio pela habitualidade e pela intermediação na troca, com intuito de lucro.

*Fato gerador na circulação de mercadorias*: no que se refere a mercadorias, fato gerador do ICMS é a circulação das mesmas, a partir do estabelecimento comercial ou fabril.

Nos termos da lei, considera-se ocorrido o fato gerador no momento "da saída do estabelecimento de contribuinte, ainda que para estabelecimento do mesmo titular" (LC 87/96, art. 12, parcialmente alterada pela LC 114, de 16.12.2002). Considera-se autônomo "cada estabelecimento do mesmo titular" (art. 11, § 3º, II).

Nesta matéria existem duas correntes.

A primeira corrente é literal. Considera a simples saída da mercadoria, ainda que para estabelecimento do mesmo titular, como suficiente para gerar o imposto.

Esta primeira corrente é defendida pelo Fisco, em regra, e por vários doutrinadores.

Para a segunda corrente, porém, não basta a movimentação física da mercadoria para gerar o imposto. É necessário que haja mudança de titular, pois só neste caso haverá circulação no sentido comercial.

Na jurisprudência dos tribunais predomina um entendimento correspondente à segunda corrente.

O Judiciário tem decidido a matéria da seguinte forma:

"Não constitui fato gerador do ICMS o simples deslocamento de mercadoria de um para outro estabelecimento do mesmo contribuinte" (Súmula 166 do STJ).

"O simples deslocamento da mercadoria pelo seu proprietário, sem implicar circulação econômica ou jurídica, não legitima a incidência do ICM" (*RSTJ* 86/425).[6]

---

6. No mesmo sentido: *RSTJ* 82/55; *RT* 530/143, 543/125, 701/149, 728/183, 728/223, 730/183; *IOB* 1/6.780.

As decisões citadas são anteriores à LC 87/96. As conclusões, porém, permanecem válidas, pois a LC 87/96, neste ponto, repete simplesmente o que já constava de diplomas legais anteriores. As leis complementares, assim como as leis ordinárias, não podem contrariar as regras superiores da CF.

Tem-se decidido também que não incide ICMS:

– na saída de mercadoria para outro estabelecimento da mesma firma, localizado em outro Estado (*RT* 530/143);

– no transporte de animais de uma fazenda para outra, do mesmo dono (*RT* 514/240);

– no transporte de máquinas de um canteiro de obras para outro, da mesma construtora (*JTJ* 186/73);

– na remessa de mercadoria para demonstração (*RT* 618/94, 695/96; *RJTJESP* 138/158; *IOB* 1/7.552, 1/8.973);

– na transferência de produtos do estabelecimento agrícola para o estabelecimento industrial, embora em áreas descontínuas, mas da mesma empresa (*JTJ* 147/90);

– nas entradas e saídas de materiais para beneficiamento (*RJTJESP* 116/130);

– na transferência de bens da matriz para filiais (*RJTJESP* 112/182; *IOB* 1/7.032, 1/7.717, 1/7.931, 1/9.153);

– no empréstimo de equipamentos a postos de gasolina (*RT* 412/214);

– na remessa de impressos ou material de escritório para setores diversos da mesma empresa (*RT* 442/291).

*Venda de bens do ativo fixo*: não incide ICMS na venda de bens do ativo fixo, por não se tratar de prática habitual de ato de comércio (*RT* 709/74, 724/255, 728/187). Não incide o imposto na transferência de bens de uma sociedade para outra, para formação de capital (*RT* 489/139), nem na compra de fundo de comércio (*RT* 495/231), nem na venda de equipamentos obsoletos (*RT* 532/243).

*Outros fatos geradores*: a LC 87/96 relaciona ainda vários outros fatos geradores, como o fornecimento de alimentação e bebidas; transmissão de propriedade de mercadoria, ainda que sem trânsito pelo estabelecimento transmitente; prestações onerosas de serviços de comunicação; início de prestação de serviços de transporte interestadual e intermunicipal; desembaraço aduaneiro de mercadorias importadas (Súmula 661 do STF; *RT* 764/164), etc. (LC 87/96, art. 12, na redação dada pela LC 114/2002).

*Substituição tributária*: na substituição tributária o Fisco deixa de lado o contribuinte, atribuindo desde logo o encargo do imposto a um substituto, que deve ser pessoa vinculada de alguma forma ao fato gerador.

Na venda de gado em pé, por exemplo: "Paga o comprador. O vendedor (contribuinte substituído) não tem obrigação de pagar o ICMS" (*RSTJ* 94/65).

A substituição tributária vem sendo aplicada em vários setores, como o de bebidas alcoólicas, energia elétrica, cigarros, sorvetes, automóveis, etc.

Em certos casos, quando o substituto também é contribuinte, recolherá ele, na mesma nota fiscal, uma parcela referente ao ICMS-normal, como contribuinte, e outra parcela referente ao ICMS-substituição, como substituto.

A substituição tributária pode ser progressiva ou regressiva. Na substituição progressiva (ou para frente) o substituto recolhe o imposto de operações posteriores (ou futuras).[7]

A fábrica de um produto, por exemplo, recolhe desde logo o ICMS com base no preço final para o consumidor, ficando liberados os possíveis intermediários ou revendedores, no caminho do produto desde a fábrica até o consumidor final.

Nestes casos, os revendedores (substituídos) não destacarão o imposto nas suas notas fiscais, limitando-se a anotar que já houve recolhimento antecipado, por substituição.

Na substituição regressiva (ou para trás) o substituto recolhe o que normalmente seria devido pelo operador anterior.

Nas aparas de papel, por exemplo, o ICMS é recolhido pelo industrial que as recebe e não pelo vendedor.

A substituição pode facilitar a cobrança e a fiscalização do tributo.

Mas, quando impõe um ônus excessivo, pode representar uma modalidade de arrecadação contrária à Constituição, ao princípio administrativo da razoabilidade e à tipicidade das figuras tributárias.

*Base de cálculo*: a lei estabelece a base de cálculo do imposto nas suas diversas hipóteses de incidência.

---

7. *Restituição da diferença ao contribuinte*. "Substituição tributária 'para frente'. É devida restituição da diferença do Imposto sobre Circulação de Mercadorias e Serviços-ICMS pago a mais no regime de substituição tributária para frente se a base de cálculo efetiva da operação for inferior à presumida" (STF, Pleno, RE 593.849, Rep. Geral, rel. Min. Edson Fachin, j. 19.10.2016, *DJe* 5.4.2017).

A base de cálculo nas mercadorias é o valor da operação. No fornecimento de alimentação, o valor da mercadoria e do serviço. No transporte, o preço do serviço. Na importação, o valor da mercadoria, incluindo as parcelas referentes ao II, ao IPI, ao IOF e quaisquer outros impostos, taxas, contribuições e despesas aduaneiras (LC 87/96, art. 13, V, na redação da LC 114/2002).

Quando a mercadoria é fornecida para uso ou consumo do destinatário (e não para comercialização), o valor do IPI, se houver, entra também na base de cálculo (CF, art. 155, § 2º, XI).

A Lei Complementar 87/96 estabelece duas séries de critérios para base de cálculo. Uma série para o ICMS-substituição (relativa ao substituto tributário) e outra série para o ICMS-normal (relativa ao contribuinte) (arts. 8º e 13).

No ICMS-substituição, por exemplo, a base de cálculo, em relação às operações antecedentes, é o valor da operação (art. 8º, I), ou, em outro exemplo, nas operações subsequentes, o preço final para o consumidor (art. 8º, § 3º).

No ICMS-normal, por exemplo, na hipótese de saída de mercadoria, o valor da operação (art. 13, I); no serviço de transporte, o preço do serviço (art. 13, III).

*ICMS sobre ICMS*: diz o art. 13, § 1º, I, da Lei Complementar 87/96 que integra a base de cálculo do imposto "o montante do próprio imposto, constituindo o respectivo destaque mera indicação para fins de controle". O dispositivo já figurava anteriormente em leis estaduais, com redação idêntica.

O comando refere-se apenas ao ICMS-normal, uma vez que não consta dos critérios arrolados pela lei para o ICMS-substituição.

A redação do artigo é dúbia. Mas a análise do texto leva à conclusão de que o imposto, no caso, fica incluído no preço final da mercadoria, com um destaque quanto ao seu valor, na nota fiscal. O valor destacado, porém, não é para ser cobrado, mas apenas indicado para fins de controle.

O ICMS-normal, portanto, é um "imposto por dentro", ou seja, já embutido no preço final.

O mesmo não ocorre com o ICMS-substituição, cujo valor é acrescentado ao preço final da mercadoria, sendo, portanto, por assim dizer, um "imposto por fora".

Segundo um entendimento literal da lei, o ICMS deve ser calculado de modo duplo, existindo decisões de tribunais nesse sentido.[8]

De acordo com esse entendimento, calcula-se primeiro o imposto a pagar. Soma-se o resultado com o valor da operação. Em seguida calcula-se de novo o imposto, sobre essa cifra acrescida. Por esse cálculo duplo, um imposto, por exemplo, de 18% passa para 21,24%.

Tal forma de cálculo, porém, *data venia*, não parece correta.[9]

O ICMS-substituição não pode ser duplo, uma vez que, neste caso, nada há na lei que permita uma interpretação tendente à inclusão do imposto no cálculo do imposto.

O art. 8º da Lei Complementar 87/96 define a base de cálculo para fins de substituição tributária, e nas várias hipóteses alinhadas não há nenhuma que possa sugerir a inclusão do valor do imposto no cálculo do imposto.

Ora, se o ICMS-substituição não pode ser calculado de forma dupla, não há razão para que o seja o ICMS-normal, pois são situações equivalentes.

*Alíquotas*: as alíquotas do ICMS podem ser internas, interestaduais e de exportação.

As alíquotas internas são fixadas pelos respectivos Estados. O Senado Federal, contudo, pode fixar o mínimo e o máximo das alíquotas internas (CF, art. 155, § 2º, V, "a" e "b").

As alíquotas interestaduais e de exportação são fixadas pelo Senado Federal (CF, art. 155, § 2º, IV).

No comércio entre pessoas localizadas em Estados diferentes usa-se a alíquota interestadual se o destinatário for contribuinte do ICMS. Se o destinatário não for contribuinte do ICMS, a alíquota será a interna (CF, art. 155, § 2º, VII).

ALÍQUOTAS DO ICMS { *internas* / *interestaduais* / *de exportação* }

*Operações mistas*: em certas situações surge um concurso entre ICMS e ISS. Sobre o assunto, v. abaixo, item IV, 3, Impostos Municipais (ISS).

8. *RJTJRGS* 162/400, 176/278; *IOB* 1/11.031 (TJSP).

9. Inadmissível a sistemática de cálculo do ICMS de energia elétrica residencial que eleva de 25% para 33% o montante do imposto (TJSP, *JTJ* 201/14, 210/10).

*Cooperativas*: são sociedades civis, sem objetivo de lucro. Embora civis, são inscritas na Junta Comercial (L 5.764/71; L 8.834/94, art. 32, II, "a").

A cooperativa pode praticar atos cooperativos (realizados entre as cooperativas e seus associados) e atos não cooperativos (realizados com terceiros, não cooperados).

De acordo com interpretação autêntica, dada por uma lei, "o ato cooperativo não implica operação de mercado, nem contrato de compra e venda de produto ou mercadoria" (Lei das Cooperativas, L 5.764/71, art. 79, § único).

Com isso, podemos concluir que o ato cooperativo não deve estar sujeito ao ICMS, por não se tratar de circulação comercial.

O assunto, porém, é bastante controvertido, havendo decisões pró e contra.

Mais uma vez, a solução da questão depende do que se queira entender por "saída de mercadoria". Para uns a expressão tem sentido literal, de saída física. Para outros tem o sentido de saída mercantil, como ato pertencente à interposição na troca, com intuito de lucro.

### 3. Imposto sobre a propriedade de veículos automotores-IPVA

*Competência*: Estados e Distrito Federal (CF, art. 155, III).

*Fato gerador*: propriedade de veículo automotor, abrangendo veículos terrestres, aeronaves e embarcações. Os terrestres podem ser automóveis, motocicletas, ônibus, caminhões, etc.

*Base de cálculo*: valor do veículo, a cada ano.

*Seletividade*: o imposto pode ser seletivo, como, por exemplo, em relação ao combustível utilizado.

*Repartição de receitas*: pertencem aos Municípios 50% da arrecadação (CF, art. 158, III).

*Obrigação "propter rem"*, ou em razão da coisa: o imposto é vinculado ao veículo, não se exigindo nos casos de transferência novo pagamento dentro do mesmo ano.

## IV – IMPOSTOS MUNICIPAIS

### 1. Imposto sobre a propriedade predial e territorial urbana-IPTU

*Competência*: Municípios (CF, art. 156, I).

*Fato gerador*: o fato gerador do IPTU é a propriedade de imóvel urbano. E também a posse ou o domínio útil de imóvel urbano. Considera-se que a posse e o domínio útil são aspectos da propriedade.

O art. 32 do Código Tributário Nacional estabelece que o imposto "tem como fato gerador a propriedade, o domínio útil ou a posse de bem imóvel por natureza ou por acessão física, como definido na lei civil, localizado na zona urbana do Município".

Bens imóveis por natureza são "o solo com a sua superfície, os seus acessórios e adjacências naturais, compreendendo as árvores e frutos pendentes, o espaço aéreo e o subsolo" (CC, art. 43, I).

Bens imóveis por acessão física são os acréscimos acontecidos em relação a um imóvel pela mão do homem ou por causas naturais, como a construção de uma casa num terreno, ou a formação de uma nova ilha num rio.

Imposto predial é o que incide sobre imóvel construído. Imposto territorial é o que incide sobre imóvel sem construção.

*Zona urbana*: considera-se zona urbana a zona assim definida em lei municipal.

Mas a definição de zona urbana, na lei municipal, depende da existência de pelo menos dois dos melhoramentos arrolados no art. 32, § 1º, do Código Tributário Nacional:

I – meio-fio ou calçamento, com canalização de águas pluviais;

II – abastecimento de água;

III – sistema de esgotos sanitários;

IV – rede de iluminação pública, com ou sem posteamento para distribuição domiciliar;

V – escola primária ou posto de saúde, a uma distância máxima de 3km do imóvel considerado.

Contudo, pode também a lei municipal considerar urbanas áreas urbanizáveis, ou de expansão urbana, constantes de loteamentos aprovados pelos órgãos competentes (CTN, art. 32, § 2º).

*Base de cálculo*: a base de cálculo é o valor venal do imóvel, a cada ano (CTN, art. 33).

*Progressividade*: o IPTU pode ser progressivo, em razão da função social da propriedade (CF, art. 156, § 1º).

O critério da progressividade deve ser objetivo, vinculado aos terrenos e edificações, e não às pessoas dos proprietários.

"É inconstitucional a fixação de adicional progressivo do imposto predial e territorial urbano em função do número de imóveis do contribuinte" (Súmula 589 do STF).

No caso de solo urbano não edificado, subutilizado ou não utilizado, em área incluída no plano diretor, pode a lei determinar o seu adequado aproveitamento, sob pena, entre outras, de aumento progressivo de imposto (CF, art. 182, § 4º).

**2. Imposto sobre a transmissão *"inter vivos"* de bens imóveis, por ato oneroso-ITBI (também conhecido como sisa)**[10]

*Competência*: Município (CF, art. 156, II).

*Fato gerador*: transmissão *inter vivos*, por ato oneroso, de bens imóveis e de direitos reais sobre imóveis, exceto os de garantia, bem como cessão de direitos relativos às transmissões mencionadas.

Exemplo de transmissão de bens imóveis: compra e venda, dação em pagamento, etc.

Exemplo de transmissão de direitos reais: uso, usufruto, direito de habitação, etc.

*O imposto não incide*:

– na transmissão de direitos reais de garantia, como a hipoteca;

– no compromisso de compra e venda, por se tratar apenas de promessa de transmissão, e não de transmissão efetiva.[11] Na escritura definitiva posterior leva-se em conta apenas o que foi transmitido pelo vendedor ao comprador. "O imposto de transmissão *inter vivos* não incide sobre a construção, ou parte dela, realizada, inequivocamente, pelo promitente comprador, mas sobre o valor do que tiver sido construído antes da promessa de venda" (Súmula 470 do STF);

– no usucapião, por predominar o entendimento de que se trata de modalidade originária de aquisição, e não de transmissão de propriedade de uma pessoa para outra;

---

10. *Sisa*. "Denominação sob a qual é conhecido, também, o imposto de transmissão. É um dos mais antigos tributos de Portugal, onde, antigamente, recaía também sobre a compra e venda de bens móveis, exceto pão cozido" (José Náufel, *Novo Dicionário Jurídico Brasileiro*, SP, Ed. Parma).

11. Na verdade, fato gerador do imposto é o registro imobiliário da transmissão (CSMSP – Conselho Superior da Magistratura, Ap. cível 20.514-0/2, São Paulo, *Boletim AASP* 2.020/293).

– na transmissão de bens ou direitos incorporados ao patrimônio de pessoa jurídica em realização de capital;

– na transmissão de bens ou direitos decorrentes de fusão, incorporação, cisão ou extinção de pessoa jurídica, salvo se, nesses casos, a atividade preponderante do adquirente for a compra e venda desses bens ou direitos, locação de bens imóveis ou arrendamento mercantil (CF, art. 156, § 2º, I).

*Alíquotas progressivas*: "É inconstituicional a lei que estabelece alíquotas progressivas com base no valor venal do imóvel" (Súmula 656 do STF).

*Contribuinte*: em regra, as leis locais atribuem o pagamento do imposto ao adquirente.

### 3. Imposto sobre serviços de qualquer natureza-ISS

*Legislação*: Código Tributário Nacional; Decreto-lei 406/68 (revogados os arts. 8º, 10, 11 e 12); Lei Complementar 116, de 31.7.2003.

*Competência*: Municípios e Distrito Federal.

*Fato gerador*: prestação de serviços relacionados na lista anexa à Lei Complementar 116/2003, ainda que esses não se constituam como atividade preponderante do prestador (v. lista a seguir, item 3.1).

*Local da prestação de serviços*: em princípio, considera-se o serviço prestado e o imposto devido no local do estabelecimento do prestador ou, na falta, no seu domicílio. Contudo, em várias hipóteses, o imposto será devido no local da prestação do serviço, como, por exemplo, no caso de instalação de andaimes, palcos e coberturas (art. 3º, I a XXII, da LC 116/2003).

*Alíquota*: a alíquota máxima é de 5% (LC 116, art. 8º, II).

*Operações mistas*: os serviços só pagam ISS, não se sujeitando também ao ICMS, "ainda que sua prestação *envolva* fornecimento de mercadorias". Salvo exceções expressamente indicadas na *lista* anexa. Exemplo: item 7.02 (empreitada de obras).

*Formas de tributação do ISS:* a) *serviços em geral* – alíquota sobre os *preços dos serviços*; b) *profissionais liberais* – importância fixa ou variável, cobrada por mês ou por ano; c) *sociedade de profissionais* – igual ao item anterior, a ser pago *pela Sociedade*, multiplicado pelo número de *profissionais envolvidos* (sócios, empregados, autônomos) (art. 9º do DL 406/68).

*Substituição tributária*: os Municípios e o Distrito Federal, mediante lei, podem atribuir o pagamento do imposto a terceira pessoa, vinculada ao fato gerador (LC 116/2003, art. 6º; CTN, art. 128).

### 3.1 Lista de serviços anexa à Lei Complementar 116, de 31.7.2003

1– Serviços de informática e congêneres.

1.01 – Análise e desenvolvimento de sistemas.

1.02 – Programação.

1.03 – Processamento, armazenamento ou hospedagem de dados, textos, imagens, vídeos, páginas eletrônicas, aplicativos e sistemas de informação, entre outros formatos, e congêneres.

1.04 – Elaboração de programas de computadores, inclusive de jogos eletrônicos, independentemente da arquitetura construtiva da máquina em que o programa será executado, incluindo *tablets*, *smartphones* e congêneres.

1.05 – Licenciamento ou cessão de direito de uso de programas de computação.

1.06 – Assessoria e consultoria em informática.

1.07 – Suporte técnico em informática, inclusive instalação, configuração e manutenção de programas de computação e bancos de dados.

1.08 – Planejamento, confecção, manutenção e atualização de páginas eletrônicas.

1.09 – Disponibilização, sem cessão definitiva, de conteúdos de áudio, vídeo, imagem e texto por meio da internet, respeitada a imunidade de livros, jornais e periódicos (exceto a distribuição de conteúdos pelas prestadoras de Serviço de Acesso Condicionado, de que trata a Lei n. 12.485/2011, sujeita ao ICMS).

2 – Serviços de pesquisas e desenvolvimento de qualquer natureza.

2.01– Serviços de pesquisas e desenvolvimento de qualquer natureza.

3 – Serviços prestados mediante locação, cessão de direito de uso e congêneres.[12]

3.01 – (VETADO)

3.02 – Cessão de direito de uso de marcas e de sinais de propaganda.

3.03 – Exploração de salões de festas, centro de convenções, escritórios virtuais, *stands*, quadras esportivas, estádios, ginásios, auditórios, casas de espetáculos, parques de diversões, canchas e congêneres, para realização de eventos ou negócios de qualquer natureza.

3.04 – Locação, sublocação, arrendamento, direito de passagem ou permissão de uso, compartilhado ou não, de ferrovia, rodovia, postes, cabos, dutos e condutos de qualquer natureza.

12. *Locação de móveis*: "É inconstitucional a incidência de imposto sobre serviços de qualquer natureza – ISS sobre operações de locação de bens móveis" (Súmula Vinculante 31-STF).

3.05 – Cessão de andaimes, palcos, coberturas e outras estruturas de uso temporário.

4 – Serviços de saúde, assistência médica e congêneres.

4.01 – Medicina e biomedicina.

4.02 – Análises clínicas, patologia, eletricidade médica, radioterapia, quimioterapia, ultrassonografia, ressonância magnética, radiologia, tomografia e congêneres.

4.03 – Hospitais, clínicas, laboratórios, sanatórios, manicômios, casas de saúde, prontos-socorros, ambulatórios e congêneres.

4.04 – Instrumentação cirúrgica.

4.05 – Acupuntura.

4.06 – Enfermagem, inclusive serviços auxiliares.

4.07 – Serviços farmacêuticos.

4.08 – Terapia ocupacional, fisioterapia e fonoaudiologia.

4.09 – Terapias de qualquer espécie destinadas ao tratamento físico, orgânico e mental.

4.10 – Nutrição.

4.11 – Obstetrícia.

4.12 – Odontologia.

4.13 – Ortóptica.

4.14 – Próteses sob encomenda.

4.15 – Psicanálise.

4.16 – Psicologia.

4.17 – Casas de repouso e de recuperação, creches, asilos e congêneres.

4.18 – Inseminação artificial, fertilização *in vitro* e congêneres.

4.19 – Bancos de sangue, leite, pele, olhos, óvulos, sêmen e congêneres.

4.20 – Coleta de sangue, leite, tecidos, sêmen, órgãos e materiais biológicos de qualquer espécie.

4.21 – Unidade de atendimento, assistência ou tratamento móvel e congêneres.

4.22 – Planos de medicina de grupo ou individual e convênios para prestação de assistência médica, hospitalar, odontológica e congêneres.

4.23 – Outros planos de saúde que se cumpram através de serviços de terceiros contratados, credenciados, cooperados ou apenas pagos pelo operador do plano mediante indicação do beneficiário.

5 – Serviços de medicina e assistência veterinária e congêneres.

5.01 – Medicina veterinária e zootecnia.

5.02 – Hospitais, clínicas, ambulatórios, prontos-socorros e congêneres, na área veterinária.

5.03 – Laboratórios de análise na área veterinária.

5.04 – Inseminação artificial, fertilização *in vitro* e congêneres.

5.05 – Bancos de sangue e de órgãos e congêneres.

5.06 – Coleta de sangue, leite, tecidos, sêmen, órgãos e materiais biológicos de qualquer espécie.

5.07 – Unidade de atendimento, assistência ou tratamento móvel e congêneres.

5.08 – Guarda, tratamento, amestramento, embelezamento, alojamento e congêneres.

5.09 – Planos de atendimento e assistência médico-veterinária.

6 – Serviços de cuidados pessoais, estética, atividades físicas e congêneres.

6.01 – Barbearia, cabeleireiros, manicuros, pedicuros e congêneres.

6.02 – Esteticistas, tratamento de pele, depilação e congêneres.

6.03 – Banhos, duchas, sauna, massagens e congêneres.

6.04 – Ginástica, dança, esportes, natação, artes marciais e demais atividades físicas.

6.05 – Centros de emagrecimento, *spa* e congêneres.

6.06 – Aplicação de tatuagens, *piercings* e congêneres.

7 – Serviços relativos a engenharia, arquitetura, geologia, urbanismo, construção civil, manutenção, limpeza, meio ambiente, saneamento e congêneres.

7.01 – Engenharia, agronomia, agrimensura, arquitetura, geologia, urbanismo, paisagismo e congêneres.

7.02 – Execução, por administração, empreitada ou subempreitada, de obras de construção civil, hidráulica ou elétrica e de outras obras semelhantes, inclusive sondagem, perfuração de poços, escavação, drenagem e irrigação, terraplanagem, pavimentação, concretagem e a instalação e montagem de produtos, peças e equipamentos (exceto o fornecimento de mercadorias produzidas pelo prestador de serviços fora do local da prestação dos serviços, que fica sujeito ao ICMS).

7.03 – Elaboração de planos diretores, estudos de viabilidade, estudos organizacionais e outros, relacionados com obras e serviços de engenharia; elaboração de anteprojetos, projetos básicos e projetos executivos para trabalhos de engenharia.

7.04 – Demolição.

7.05 – Reparação, conservação e reforma de edifícios, estradas, pontes, portos e congêneres (exceto o fornecimento de mercadorias produzidas pelo prestador dos serviços, fora do local da prestação dos serviços, que fica sujeito ao ICMS).

7.06 – Colocação e instalação de tapetes, carpetes, assoalhos, cortinas, revestimentos de parede, vidros, divisórias, placas de gesso e congêneres, com material fornecido pelo tomador do serviço.

7.07 – Recuperação, raspagem, polimento e lustração de pisos e congêneres.

7.08 – Calafetação.

7.09 – Varrição, coleta, remoção, incineração, tratamento, reciclagem, separação e destinação final de lixo, rejeitos e outros resíduos quaisquer.

7.10 – Limpeza, manutenção e conservação de vias e logradouros públicos, imóveis, chaminés, piscinas, parques, jardins e congêneres.

7.11– Decoração e jardinagem, inclusive corte e poda de árvores.

7.12 – Controle e tratamento de efluentes de qualquer natureza e de agentes físicos, químicos e biológicos.

7.13 – Dedetização, desinfecção, desinsetização, imunização, higienização, desratização, pulverização e congêneres.

7.14 – (VETADO)

7.15 – (VETADO)

7.16 – Florestamento, reflorestamento, semeadura, adubação, reparação de solo, plantio, silagem, colheita, corte e descascamento de árvores, silvicultura, exploração florestal e dos serviços congêneres indissociáveis da formação, manutenção e colheita de florestas, para quaisquer fins e por quaisquer meios.

7.17 – Escoramento, contenção de encostas e serviços congêneres.

7.18 – Limpeza e dragagem de rios, portos, canais, baías, lagos, lagoas, represas, açudes e congêneres.

7.19 – Acompanhamento e fiscalização da execução de obras de engenharia, arquitetura e urbanismo.

7.20 – Aerofotogrametria (inclusive interpretação), cartografia, mapeamento, levantamentos topográficos, batimétricos, geográficos, geodésicos, geológicos, geofísicos e congêneres.

7.21 – Pesquisa, perfuração, cimentação, mergulho, perfilagem, concretação, testemunhagem, pescaria, estimulação e outros serviços relacionados com a exploração e explotação de petróleo, gás natural e de outros recursos minerais.

7.22 – Nucleação e bombardeamento de nuvens e congêneres.

8 – Serviços de educação, ensino, orientação pedagógica e educacional, instrução, treinamento e avaliação pessoal de qualquer grau ou natureza.

8.01 – Ensino regular pré-escolar, fundamental, médio e superior.

8.02 – Instrução, treinamento, orientação pedagógica e educacional, avaliação de conhecimentos de qualquer natureza.

9 – Serviços relativos a hospedagem, turismo, viagens e congêneres.

9.01 – Hospedagem de qualquer natureza em hotéis, *apart-service* condominiais, *flat*, apart-hotéis, hotéis residência, *residence-service*, *suite service*, hotelaria marítima, motéis, pensões e congêneres; ocupação por temporada com fornecimento de serviço (o valor da alimentação e gorjeta, quando incluído no preço da diária, fica sujeito ao Imposto sobre Serviços).

9.02 – Agenciamento, organização, promoção, intermediação e execução de programas de turismo, passeios, viagens, excursões, hospedagens e congêneres.

9.03 – Guias de turismo.

10 – Serviços de intermediação e congêneres.

10.01 – Agenciamento, corretagem ou intermediação de câmbio, de seguros, de cartões de crédito, de planos de saúde e de planos de previdência privada.

10.02 – Agenciamento, corretagem ou intermediação de títulos em geral, valores mobiliários e contratos quaisquer.

10.03 – Agenciamento, corretagem ou intermediação de direitos de propriedade industrial, artística ou literária.

10.04 – Agenciamento, corretagem ou intermediação de contratos de arrendamento mercantil (*leasing*), de franquia (*franchising*) e de faturização (*factoring*).

10.05 – Agenciamento, corretagem ou intermediação de bens móveis ou imóveis, não abrangidos em outros itens ou subitens, inclusive aqueles realizados no âmbito de Bolsas de Mercadorias e Futuros, por quaisquer meios.

10.06 – Agenciamento marítimo.

10.07 – Agenciamento de notícias.

10.08 – Agenciamento de publicidade e propaganda, inclusive o agenciamento de veiculação por quaisquer meios.

10.09 – Representação de qualquer natureza, inclusive comercial.

10.10 – Distribuição de bens de terceiros.

11 – Serviços de guarda, estacionamento, armazenamento, vigilância e congêneres.

11.01 – Guarda e estacionamento de veículos terrestres automotores, de aeronaves e de embarcações.

11.02 – Vigilância, segurança ou monitoramento de bens, pessoas e semoventes.

11.03 – Escolta, inclusive de veículos e cargas.

11.04 – Armazenamento, depósito, carga, descarga, arrumação e guarda de bens de qualquer espécie.

12 – Serviços de diversões, lazer, entretenimento e congêneres.

12.01 – Espetáculos teatrais.

12.02 – Exibições cinematográficas.

12.03 – Espetáculos circenses.

12.04 – Programas de auditório.

12.05 – Parques de diversões, centros de lazer e congêneres.

12.06 – Boates, *taxi-dancing* e congêneres.

12.07 – *Shows, ballet*, danças, desfiles, bailes, óperas, concertos, recitais, festivais e congêneres.

12.08 – Feiras, exposições, congressos e congêneres.

12.09 – Bilhares, boliches e diversões eletrônicas ou não.

12.10 – Corridas e competições de animais.

12.11 – Competições esportivas ou de destreza física ou intelectual, com ou sem a participação do espectador.

12.12 – Execução de música.

12.13 – Produção, mediante ou sem encomenda prévia, de eventos, espetáculos, entrevistas, *shows, ballet*, danças, desfiles, bailes, teatros, óperas, concertos, recitais, festivais e congêneres.

12.14 – Fornecimento de música para ambientes fechados ou não, mediante transmissão por qualquer processo.

12.15 – Desfiles de blocos carnavalescos ou folclóricos, trios elétricos e congêneres.

12.16 – Exibição de filmes, entrevistas, musicais, espetáculos, *shows*, concertos, desfiles, óperas, competições esportivas, de destreza intelectual ou congêneres.

12.17 – Recreação e animação, inclusive em festas e eventos de qualquer natureza.

13 – Serviços relativos a fonografia, fotografia, cinematografia e reprografia.

13.01 – (VETADO)

13.02 – Fonografia ou gravação de sons, inclusive trucagem, dublagem, mixagem e congêneres.

13.03 – Fotografia e cinematografia, inclusive revelação, ampliação, cópia, reprodução, trucagem e congêneres.

13.04 – Reprografia, microfilmagem e digitalização.

13.05 – Composição gráfica, inclusive confecção de impressos gráficos, fotocomposição, clicheria, zincografia, litografia e fotolitografia, exceto se destinados a posterior operação de comercialização ou industrialização, ainda que incorporados, de qualquer forma, a outra mercadoria que deva ser objeto de posterior circulação, tais como bulas, rótulos, etiquetas, caixas, cartuchos, embalagens e manuais técnicos e de instrução, quando ficarão sujeitos ao ICMS.

14 – Serviços relativos a bens de terceiros.

14.01 – Lubrificação, limpeza, lustração, revisão, carga e recarga, conserto, restauração, blindagem, manutenção e conservação de máquinas, veículos, aparelhos, equipamentos, motores, elevadores ou de qualquer objeto (exceto peças e partes empregadas, que ficam sujeitas ao ICMS).

14.02 – Assistência técnica.

14.03 – Recondicionamento de motores (exceto peças e partes empregadas, que ficam sujeitas ao ICMS).

14.04 – Recauchutagem ou regeneração de pneus.

14.05 – Restauração, recondicionamento, acondicionamento, pintura, beneficiamento, lavagem, secagem, tingimento, galvanoplastia, anodização, corte, recorte, plastificação, costura, acabamento, polimento e congêneres, de objetos quaisquer.

14.06 – Instalação e montagem de aparelhos, máquinas e equipamentos, inclusive montagem industrial, prestados ao usuário final, exclusivamente com material por ele fornecido.

14.07 – Colocação de molduras e congêneres.

14.08 – Encadernação, gravação e douração de livros, revistas e congêneres.

14.09 – Alfaiataria e costura, quando o material for fornecido pelo usuário final, exceto aviamento.

14.10 – Tinturaria e lavanderia.

14.11 – Tapeçaria e reforma de estofamentos em geral.

14.12 – Funilaria e lanternagem.

14.13 – Carpintaria e serralheria.

14.14 – Guincho intramunicipal, guindaste e içamento.

15 – Serviços relacionados ao setor bancário ou financeiro, inclusive aqueles prestados por instituições financeiras autorizadas a funcionar pela União ou por quem de direito.

15.01 – Administração de fundos quaisquer, de consórcio, de cartão de crédito ou débito e congêneres, de carteira de clientes, de cheques pré-datados e congêneres.

15.02 – Abertura de contas em geral, inclusive conta-corrente, conta de investimentos e aplicação e caderneta de poupança, no País e no exterior, bem como a manutenção das referidas contas ativas e inativas.

15.03 – Locação e manutenção de cofres particulares, de terminais eletrônicos, de terminais de atendimento e de bens e equipamentos em geral.

15.04 – Fornecimento ou emissão de atestados em geral, inclusive atestado de idoneidade, atestado de capacidade financeira e congêneres.

15.05 – Cadastro, elaboração de ficha cadastral, renovação cadastral e congêneres, inclusão ou exclusão no Cadastro de Emitentes de Cheques sem Fundos – CCF ou em quaisquer outros bancos cadastrais.

15.06 – Emissão, reemissão e fornecimento de avisos, comprovantes e documentos em geral; abono de firmas; coleta e entrega de documentos, bens e valores; comunicação com outra agência ou com a administração central; licenciamento eletrônico de veículos; transferência de veículos; agenciamento fiduciário ou depositário; devolução de bens em custódia.

15.07 – Acesso, movimentação, atendimento e consulta a contas em geral, por qualquer meio ou processo, inclusive por telefone, fac-símile, internet e telex, acesso a terminais de atendimento, inclusive vinte e quatro horas; acesso a outro banco e a rede compartilhada; fornecimento de saldo, extrato e demais informações relativas a contas em geral, por qualquer meio ou processo.

15.08 – Emissão, reemissão, alteração, cessão, substituição, cancelamento e registro de contrato de crédito; estudo, análise e avaliação de operações de crédito; emissão, concessão, alteração ou contratação de aval, fiança, anuência e congêneres; serviços relativos a abertura de crédito, para quaisquer fins.

15.09 – Arrendamento mercantil (*leasing*) de quaisquer bens, inclusive cessão de direitos e obrigações, substituição de garantia, alteração, cancelamento e registro de contrato, e demais serviços relacionados ao arrendamento mercantil (*leasing*).

15.10 – Serviços relacionados a cobranças, recebimentos ou pagamentos em geral, de títulos quaisquer, de contas ou carnês, de câmbio, de tributos e por conta de terceiros, inclusive os efetuados por meio eletrônico, automático ou por máquinas de atendimento; fornecimento de posição de cobrança, recebimento ou pagamento; emissão de carnês, fichas de compensação, impressos e documentos em geral.

15.11 – Devolução de títulos, protesto de títulos, sustação de protesto, manutenção de títulos, reapresentação de títulos, e demais serviços a eles relacionados.

15.12 – Custódia em geral, inclusive de títulos e valores mobiliários.

15.13 – Serviços relacionados a operações de câmbio em geral, edição, alteração, prorrogação, cancelamento e baixa de contrato de câmbio; emissão de registro de exportação ou de crédito; cobrança ou depósito no exterior; emissão, fornecimento e cancelamento de cheques de viagem; fornecimento, transferência, cancelamento e demais serviços relativos a carta de crédito de importação, exportação e garantias recebidas; envio e recebimento de mensagens em geral relacionadas a operações de câmbio.

15.14 – Fornecimento, emissão, reemissão, renovação e manutenção de cartão magnético, cartão de crédito, cartão de débito, cartão salário e congêneres.

15.15 – Compensação de cheques e títulos quaisquer; serviços relacionados a depósito, inclusive depósito identificado, a saque de contas quaisquer, por qualquer meio ou processo, inclusive em terminais eletrônicos e de atendimento.

15.16 – Emissão, reemissão, liquidação, alteração, cancelamento e baixa de ordens de pagamento, ordens de crédito e similares, por qualquer meio ou processo; serviços relacionados à transferência de valores, dados, fundos, pagamentos e similares, inclusive entre contas em geral.

15.17 – Emissão, fornecimento, devolução, sustação, cancelamento e oposição de cheques quaisquer, avulso ou por talão.

15.18 – Serviços relacionados a crédito imobiliário, avaliação e vistoria de imóvel ou obra, análise técnica e jurídica, emissão, reemissão, alteração, transferência e renegociação de contrato, emissão e reemissão do termo de quitação e demais serviços relacionados a crédito imobiliário.

16 – Serviços de transporte de natureza municipal.

16.01 – Serviços de transporte coletivo municipal rodoviário, metroviário, ferroviário e aquaviário de passageiros.

16.02 – Outros serviços de transporte de natureza municipal.

17 – Serviços de apoio técnico, administrativo, jurídico, contábil, comercial e congêneres.

17.01 – Assessoria ou consultoria de qualquer natureza, não contida em outros itens desta lista; análise, exame, pesquisa, coleta, compilação e fornecimento de dados e informações de qualquer natureza, inclusive cadastro e similares.

17.02 – Datilografia, digitação, estenografia, expediente, secretaria em geral, resposta audível, redação, edição, interpretação, revisão, tradução, apoio e infraestrutura administrativa e congêneres.

17.03 – Planejamento, coordenação, programação ou organização técnica, financeira ou administrativa.

17.04 – Recrutamento, agenciamento, seleção e colocação de mão de obra.

17.05 – Fornecimento de mão de obra, mesmo em caráter temporário, inclusive de empregados ou trabalhadores, avulsos ou temporários, contratados pelo prestador de serviço.

17.06 – Propaganda e publicidade, inclusive promoção de vendas, planejamento de campanhas ou sistemas de publicidade, elaboração de desenhos, textos e demais materiais publicitários.

17.07 – (VETADO)

17.08 – Franquia (*franchising*).

17.09 – Perícias, laudos, exames técnicos e análises técnicas.

17.10 – Planejamento, organização e administração de feiras, exposições, congressos e congêneres.

17.11 – Organização de festas e recepções; bufê (exceto o fornecimento de alimentação e bebidas, que fica sujeito ao ICMS).

17.12 – Administração em geral, inclusive de bens e negócios de terceiros.

17.13 – Leilão e congêneres.

17.14 – Advocacia.

17.15 – Arbitragem de qualquer espécie, inclusive jurídica.

17.16 – Auditoria.

17.17 – Análise de Organização e Métodos.

17.18 – Atuária e cálculos técnicos de qualquer natureza.

17.19 – Contabilidade, inclusive serviços técnicos e auxiliares.

17.20 – Consultoria e assessoria econômica ou financeira.

17.21 – Estatística.

17.22 – Cobrança em geral.

17.23 – Assessoria, análise, avaliação, atendimento, consulta, cadastro, seleção, gerenciamento de informações, administração de contas a receber ou a pagar e em geral, relacionados a operações de faturização (*factoring*).

17.24 – Apresentação de palestras, conferências, seminários e congêneres.

17.25 – Inserção de textos, desenhos e outros materiais de propaganda e publicidade, em qualquer meio (exceto em livros, jornais, periódicos e nas modalidades de serviços de radiodifusão sonora e de sons e imagens de recepção livre e gratuita).

18 – Serviços de regulação de sinistros vinculados a contratos de seguros; inspeção e avaliação de riscos para cobertura de contratos de seguros; prevenção e gerência de riscos seguráveis e congêneres.

18.01 – Serviços de regulação de sinistros vinculados a contratos de seguros; inspeção e avaliação de riscos para cobertura de contratos de seguros; prevenção e gerência de riscos seguráveis e congêneres.

19 – Serviços de distribuição e venda de bilhetes e demais produtos de loteria, bingos, cartões, pules ou cupons de apostas, sorteios, prêmios, inclusive os decorrentes de títulos de capitalização e congêneres.

19.01 – Serviços de distribuição e venda de bilhetes e demais produtos de loteria, bingos, cartões, pules ou cupons de apostas, sorteios, prêmios, inclusive os decorrentes de títulos de capitalização e congêneres.

20 – Serviços portuários, aeroportuários, ferroportuários, de terminais rodoviários, ferroviários e metroviários.

20.01 – Serviços portuários, ferroportuários, utilização de porto, movimentação de passageiros, reboque de embarcações, rebocador escoteiro, atracação, desatracação, serviços de praticagem, capatazia, armazenagem de qualquer natureza, serviços acessórios, movimentação de mercadorias, serviços de apoio marítimo, de movimentação ao largo, serviços de armadores, estiva, conferência, logística e congêneres.

20.02 – Serviços aeroportuários, utilização de aeroporto, movimentação de passageiros, armazenagem de qualquer natureza, capatazia, movimentação de aeronaves, serviços de apoio aeroportuários, serviços acessórios, movimentação de mercadorias, logística e congêneres.

20.03 – Serviços de terminais rodoviários, ferroviários, metroviários, movimentação de passageiros, mercadorias, inclusive suas operações, logística e congêneres.

21 – Serviços de registros públicos, cartorários e notariais.

21.01 – Serviços de registros públicos, cartorários e notariais.

22 – Serviços de exploração de rodovia.

22.01 – Serviços de exploração de rodovia mediante cobrança de preço ou pedágio dos usuários, envolvendo execução de serviços de conservação, manutenção, melhoramentos para adequação de capacidade e segurança de trânsito, operação, monitoração, assistência aos usuários e outros serviços definidos em contratos, atos de concessão ou de permissão ou em normas oficiais.

23 – Serviços de programação e comunicação visual, desenho industrial e congêneres.

23.01 – Serviços de programação e comunicação visual, desenho industrial e congêneres.

24 – Serviços de chaveiros, confecção de carimbos, placas, sinalização visual, *banners*, adesivos e congêneres.

24.01 – Serviços de chaveiros, confecção de carimbos, placas, sinalização visual, *banners*, adesivos e congêneres.

25 – Serviços funerários.

25.01 – Funerais, inclusive fornecimento de caixão, urna ou esquifes; aluguel de capela; transporte do corpo cadavérico; fornecimento de flores, coroas e outros paramentos; desembaraço de certidão de óbito; fornecimento de véu, essa e outros adornos; embalsamento, embelezamento, conservação ou restauração de cadáveres.

25.02 – Translado intramunicipal e cremação de corpos e partes de corpos cadavéricos.

25.03 – Planos ou convênio funerários.

25.04 – Manutenção e conservação de jazigos e cemitérios.

25.05 – Cessão de uso de espaços em cemitérios para sepultamento.

26 – Serviços de coleta, remessa ou entrega de correspondências, documentos, objetos, bens ou valores, inclusive pelos correios e suas agências franqueadas; *courrier* e congêneres.

26.01 – Serviços de coleta, remessa ou entrega de correspondências, documentos, objetos, bens ou valores, inclusive pelos correios e suas agências franqueadas; *courrier* e congêneres.

27 – Serviços de assistência social.

27.01 – Serviços de assistência social.

28 – Serviços de avaliação de bens e serviços de qualquer natureza.

28.01 – Serviços de avaliação de bens e serviços de qualquer natureza.

29 – Serviços de biblioteconomia.

29.01 – Serviços de biblioteconomia.

30 – Serviços de biologia, biotecnologia e química.

30.01 – Serviços de biologia, biotecnologia e química.

31 – Serviços técnicos em edificações, eletrônica, eletrotécnica, mecânica, telecomunicações e congêneres.

31.01 – Serviços técnicos em edificações, eletrônica, eletrotécnica, mecânica, telecomunicações e congêneres.

32 – Serviços de desenhos técnicos.

32.01 – Serviços de desenhos técnicos.

33 – Serviços de desembaraço aduaneiro, comissários, despachantes e congêneres.

33.01 – Serviços de desembaraço aduaneiro, comissários, despachantes e congêneres.

34 – Serviços de investigações particulares, detetives e congêneres.

34.01 – Serviços de investigações particulares, detetives e congêneres.

35 – Serviços de reportagem, assessoria de imprensa, jornalismo e relações públicas.

35.01 – Serviços de reportagem, assessoria de imprensa, jornalismo e relações públicas.

36 – Serviços de meteorologia.

36.01 – Serviços de meteorologia.

37 – Serviços de artistas, atletas, modelos e manequins.

37.01 – Serviços de artistas, atletas, modelos e manequins.

38 – Serviços de museologia.

38.01 – Serviços de museologia.

39 – Serviços de ourivesaria e lapidação.

39.01 – Serviços de ourivesaria e lapidação (quando o material for fornecido pelo tomador do serviço).

40 – Serviços relativos a obras de arte sob encomenda.

40.01 – Obras de arte sob encomenda.

# TERCEIRA PARTE
## CRIMES CONTRA A ORDEM TRIBUTÁRIA

*1. Os crimes do art. 1º da Lei 8.137/90. 2. Os crimes do art. 2º da Lei 8.137/90. 3. Os crimes funcionais do art. 3º da Lei 8.137/90. 4. Extinção da punibilidade. 5. Competência. 6. Responsabilidade penal. 7. Princípio da insignificância.*

### 1. Os crimes do art. 1º da Lei 8.137/90

A primeira questão referente aos tipos do art. 1º da Lei 8.137/90 é saber se são crimes materiais ou formais. Para o exato equacionamento da matéria, é necessário fazer uma pequena análise da legislação anterior.

Entre nós, a Lei 4.729/65 criou pela primeira vez os delitos de sonegação fiscal.

O art. 1º daquela norma tinha a seguinte redação: "Constitui crime de sonegação fiscal: (...)" – e seguiam-se cinco incisos, prevendo as condutas típicas, como, por exemplo: "I – prestar declaração falsa ou omitir, total ou parcialmente, informação que deva ser produzida a agentes das pessoas jurídicas de direito público interno, com a intenção de eximir-se, total ou parcialmente, do pagamento de tributos, taxas e quaisquer adicionais devidos por lei".

Era pacífico o entendimento de que os delitos de sonegação fiscal eram de mera conduta ou puramente formais. Por isso, não se admitia a forma tentada.

Entretanto, exigia-se a configuração do elemento subjetivo do injusto, ou dolo específico, que, no caso, era o fim especial de eximir-se do pagamento de tributos.

Sobreveio a Lei 8.137/90, que, regulando inteiramente a mesma matéria (art. 2º, § 1º, da Lei de Introdução às Normas do Direito Brasileiro), revogou a Lei dos Crimes de Sonegação Fiscal, instituindo os crimes contra a ordem tributária.

O novo art. 1º tem o seguinte texto: "Constitui crime contra a ordem tributária *suprimir ou reduzir* tributo, ou contribuição social e qualquer acessório, mediante as seguintes condutas: (...)" – seguindo-se cinco incisos,[1] com as condutas-meio, muito semelhantes àquelas da lei revogada.

Ao exigir, agora, a efetiva supressão ou redução do tributo, o legislador criou tipos penais de resultado, materiais, como percebeu de imediato a quase-totalidade da doutrina.[2] Sem a lesão ao Fisco o crime não se consuma. A consequência imediata da materialidade do crime é a necessidade de o Ministério Público demonstrar a supressão ou redução do tributo já na denúncia.

*1.1 É necessário o fim do procedimento administrativo para o oferecimento da denúncia?*

Sim. Nos termos da Súmula Vinculante 24, do STF, "não se tipifica crime material contra a ordem tributária, previsto no art. 1º, incisos I a IV, da Lei n. 8.137/90, antes do lançamento definitivo do tributo". Isto significa que enquanto não estiver serenada a instância administrativa, a ação penal por sonegação fiscal não poderá ser iniciada.

1. "Art. 1º. Constitui crime contra a ordem tributária suprimir ou reduzir tributo, ou contribuição social e qualquer acessório, mediante as seguintes condutas:

"I – omitir informação, ou prestar declaração falsa às autoridades fazendárias;

"II – fraudar a fiscalização tributária, inserindo elementos inexatos, ou omitindo operação de qualquer natureza, em documento ou livro exigido pela lei fiscal;

"III – falsificar ou alterar nota fiscal, fatura, duplicata, nota de venda, ou qualquer outro documento relativo à operação tributável;

"IV – elaborar, distribuir, fornecer, emitir ou utilizar documento que saiba ou deva saber falso ou inexato;

"V – negar ou deixar de fornecer, quando obrigatório, nota fiscal ou documento equivalente, relativa a venda de mercadoria ou prestação de serviço, efetivamente realizada, ou fornecê-la em desacordo com a legislação.

"Pena – reclusão, de 2 (dois) a 5 (cinco) anos, e multa.

"Parágrafo único. A falta de atendimento da exigência da autoridade, no prazo de 10 (dez) dias, que poderá ser convertido em horas em razão da maior ou menor complexidade da matéria ou da dificuldade quanto ao atendimento da exigência, caracteriza a infração prevista no inciso V."

2. Assim Hugo de Brito Machado, Luciano Amaro, Edmar Oliveira Andrade Filho, Pedro Roberto Decomain, Lídia Maria Lopes Rodrigues Ribas, Paulo José da Costa Jr. e Kiyoshi Harada. Contra, entendendo que ainda são crimes de mera conduta e que o *caput* do art. 1º da L 8.137/90 somente indica o elemento subjetivo do injusto: Rui Stoco e Roberto dos Santos Ferreira.

A própria representação da autoridade fiscal para o Ministério Público somente pode ser encaminhada após a decisão final na esfera administrativa (art. 83 da L 9.430/96).[3]

*E quanto aos processos judiciais em andamento acerca do crédito tributário?*

O depósito judicial do valor integral do tributo e a concessão de liminar ou tutela antecipada suspendem a exigibilidade do crédito tributário e, portanto, impedem o oferecimento da denúncia.[4]

Se a ação civil que ataca o crédito tributário for proposta após o início da ação penal, tudo recomenda a suspensão do processo criminal, nos moldes do art. 93 do CPP.

*1.2 Suspensão da pretensão punitiva durante o parcelamento do débito*

A pretensão punitiva do Estado é suspensa, nos crimes dos arts. 1º e 2º da Lei 8.137/90, e dos arts. 168-A e 337-A, do Código Penal, durante o período de parcelamento do débito (art. 9º da Lei 10.684/2003). Para uma corrente o parcelamento implica transação, extinguindo a punibilidade (*RT* 847/546).

*1.3 Extinção da punibilidade pelo pagamento do débito*

O pagamento do débito extingue a punibilidade, nos crimes dos arts. 1º e 2º da Lei 8.137, e dos arts. 168-A e 337-A do CP (art. 9º, § 2º, da Lei 10.684/2003).

*1.4 O problema da tentativa*

Os crimes do art. 1º, I e V, consumam-se quando vence o prazo legal estipulado para recolhimento do tributo.

Prevalece na doutrina o entendimento de que haverá tentativa se, antes de vencer o prazo para recolhimento, o agente é flagrado pela fiscalização

---

3. L 9.430/96, art. 83: "A representação fiscal para fins penais relativa aos crimes contra a ordem tributária definidos nos arts. 1º e 2º, da Lei n. 8.137, de 27 de dezembro de 1990, será encaminhada ao Ministério Público após proferida a decisão final, na esfera administrativa, sobre a exigência fiscal do crédito tributário correspondente".

4. V. neste *Resumo* o item 2 do Capítulo IV, "Suspensão da exigibilidade do crédito tributário", na Primeira Parte do Direito Tributário.

cometendo uma das condutas-meio descritas nos cinco incisos do art. 1º, embora o tributo ainda não tenha sido suprimido ou reduzido. Mas, parece, o entendimento não se acomoda com os princípios básicos da ciência penal. Vejamos.

A incorreção fica evidenciada com a análise da hipótese de duas condutas idênticas que passam a receber tratamento absolutamente contrário.

No primeiro caso, o contribuinte comete a falsidade, mas no momento do pagamento efetua o recolhimento integral. Entende a corrente doutrinária que não houve crime, pois o tributo não foi reduzido, nem suprimido.

No segundo caso, o agente comete a falsidade e também iria fazer o recolhimento correto, mas é surpreendido pela fiscalização. Os mesmos doutrinadores entendem que houve tentativa.

Ora, a atuação da fiscalização não é elemento do tipo. É inadmissível que pela simples atividade do fiscal casos idênticos possam ser considerados ora irrelevante penal e ora crime tentado. De qualquer forma, é inafastável que somente o próprio agente poderá tentar cometer o crime. A prevalecer aquela tese doutrinária, o domínio do fato criminoso estaria nas mãos do fiscal, não do criminoso.

Por outro lado, se o núcleo é suprimir ou reduzir o tributo, somente se poderá cogitar de tentativa se o agente iniciou efetivamente a supressão ou a redução, não completando seu intento por circunstâncias alheias à sua vontade.

Antes de vencer o prazo para recolhimento não é possível presumir que o agente vá cometer o crime, sob pena de se criar uma monstruosa responsabilidade penal por presunção.

Mesmo praticando alguma das condutas-meio previstas nos incisos do art. 1º, sempre poderá o agente recolher corretamente o tributo. Assim agindo, o agente não terá arranhado o núcleo do tipo (suprimir ou reduzir), não se podendo falar em tentativa.

Na verdade, o fato de não emitir nota fiscal (art. 1º, V), por exemplo, não basta para caracterizar a tentativa de crime contra a ordem tributária. Trata-se de ato preparatório para a execução, que somente ocorrerá na data para pagamento. E, como se sabe, os atos preparatórios são impuníveis, a menos que constituam crime por si mesmos.

A forma tentada pode ser imaginada apenas hipoteticamente, como no flagrante junto ao caixa recebedor do tributo, depois de iniciado o pagamento reduzido.

## 1.5 As condutas-meio do art. 1º da Lei 8.137/90

Os incisos do art. 1º tratam basicamente de crimes de falso, onde o agente pratica falsidade ideológica (prestando declaração falsa, por exemplo), falsidade material (falsifica nota fiscal, por exemplo), ou faz uso do documento falso. Mas, é necessário lembrar, sempre será necessária a supressão ou redução do tributo para a configuração do delito tributário.

Como a aplicação da lei especial afasta a lei geral (princípio da especialidade), a configuração do crime contra a ordem tributária impede a aplicação das normas do Código Penal acerca do falso. Por outro lado, as falsidades descritas nos incisos caracterizam o chamado crime-meio para o delito fiscal (suprimir ou reduzir tributo), sendo absorvidas pelo princípio da consunção.

### 1.5.1 Omitir informação, ou prestar declaração falsa às autoridades fazendárias

A falsidade ideológica prevista neste inciso I deverá ter ligação direta com a supressão ou redução do tributo. Se o falso foi irrelevante para a vantagem tributária, não se configurará este delito, embora possa ser identificado crime do Código Penal.

A conduta prevista é praticamente a mesma do inciso I do art. 2º desta mesma lei ("fazer declaração falsa ou omitir declaração sobre rendas, bens ou fatos, ou empregar outra fraude, para eximir-se, total ou parcialmente, de pagamento de tributo"). Porém, o crime deste art. 1º, I, é material e exige resultado. Somente se não ocorreu o resultado, e o agente teve o fim de eximir-se total ou parcialmente do pagamento (dolo específico), terá aplicação a norma do art. 2º.[5]

### 1.5.2 Fraudar a fiscalização tributária, inserindo elementos inexatos, ou omitindo operação de qualquer natureza, em documento ou livro exigido pela lei fiscal

Este tipo penal do inciso II está praticamente contido no inciso I. A falta de técnica legislativa, como dupla previsão para a mesma conduta, dificulta a eleição do tipo a ser narrado na denúncia.

A expressão "documento ou livro exigido pela lei fiscal" é norma penal em branco, que carece de complementação pela legislação específica.

---

5. Paulo José da Costa Jr., *Infrações Tributárias e Delitos Fiscais*, 2ª ed., SP, Saraiva, 1996.

1.5.3 Falsificar ou alterar nota fiscal, fatura, duplicata, nota de venda, ou qualquer outro documento relativo à operação tributável

Se não houve supressão ou redução de tributo, o crime poderá ser aquele do art. 172 do Código Penal ("emitir fatura, duplicata ou nota de venda que não corresponda à mercadoria vendida, em quantidade ou qualidade, ou ao serviço prestado"[6]).

As fraudes mais comuns em relação à nota fiscal são a *nota fria* (nota fiscal que não corresponde a nenhuma compra e venda, emitida apenas para aumentar custos), a *nota calçada* (o agente faz constar nas primeiras vias da nota o valor real da operação, "calçando" o carbono da via fixa, que fica no talão, onde constará valor menor, para reduzir o imposto a pagar), *nota sanfona* (a mesma nota fiscal é empregada para acompanhar mais de uma saída de mercadorias), *nota paralela* (o falsificador imprime dois talões de notas fiscais com a mesma numeração) e *nota fantasma* (nota fiscal impressa em nome de empresa inexistente).

1.5.4 Elaborar, distribuir, fornecer, emitir ou utilizar documento que saiba ou deva saber falso ou inexato

Para a maioria dos autores a expressão "ou deva saber", contida neste inciso IV, se refere ao dolo eventual, já que não está prevista expressamente a modalidade culposa e, "salvo os casos expressos em lei, ninguém pode ser punido por fato previsto como crime, senão quando o pratica dolosamente" (art. 18, § único, do CP).

1.5.5 Negar ou deixar de fornecer, quando obrigatório, nota fiscal ou documento equivalente, relativa a venda de mercadoria ou prestação de serviço, efetivamente realizada, ou fornecê-la em desacordo com a legislação

O dispositivo do inciso V se refere à omissão ou negativa de fornecimento da nota fiscal ao comprador ou consumidor do serviço. Também aqui é necessário o dano ao Fisco. Mas, advirta-se que, para aqueles que admitem a tentativa antes do vencimento do prazo de pagamento do tributo, a simples omissão já caracteriza a tentativa.

Trata-se de norma penal em branco, cuja integração depende de outras regras jurídicas de cunho tributário.

6. Redação dada pela L 8.137/90.

1.5.6 A falta de atendimento da exigência da autoridade, no prazo de 10 (dez) dias, que poderá ser convertido em horas em razão da maior ou menor complexidade da matéria ou da dificuldade quanto ao atendimento da exigência, caracteriza a infração prevista no inciso V

Embora redigido fora da boa técnica e em situação geográfica imperfeita, é possível concluir que o § único trata de crime autônomo, independente do *caput* e dos incisos. O crime é de desobediência e se consuma com a não apresentação dos documentos reclamados pela autoridade, no prazo estipulado, após regular notificação.

Note-se que o art. 195, § único, do Código Tributário Nacional obriga o contribuinte a guardar os documentos obrigatórios até que ocorra a prescrição do crédito tributário.

Mas nem todos os documentos podem ser de plano exigidos pelo Fisco, como parece impor o art. 195, *caput*, do Código Tributário Nacional. Evidente, a apresentação compulsória de correspondências particulares e documentos cobertos pelo sigilo bancário exige prévia e fundamentada ordem judicial.

Diz a lei que o prazo de 10 dias poderá ser "convertido em horas".

Como ensina o mestre Pedro Roberto Decomain (*Crimes Contra a Ordem Tributária*, 2ª ed., Obra Jurídica, 1995), o texto somente tem sentido se for interpretado como permissivo para que a autoridade dilate ou diminua o prazo, conforme a complexidade da tarefa.

Porém, adverte aquele professor, a configuração do crime não está ao alvedrio da autoridade tributária. Assim, se o prazo for diminuído, o delito somente se consumará com o fim dos 10 dias, que é o tempo estipulado em lei. Mas, se o prazo for dilatado, valerá o lapso maior, na interpretação benéfica penal.

Vencido o prazo, o delito se consuma. Antes, não é possível falar em tentativa, já que a ordem ainda poderá ser cumprida.

Na verdade, a tentativa é logicamente impossível, porque o crime é omissivo e formal.

Se a exigência da autoridade for ilegal, ficará caracterizado o crime de abuso de autoridade e eventualmente o excesso de exação (art. 316, § 1º, do CP).

## 2. Os crimes do art. 2º da Lei 8.137/90

Os delitos previstos nos incisos do art. 2º são formais e, por isso, não admitem a forma tentada.[7]

### 2.1 Fazer declaração falsa ou omitir declaração sobre rendas, bens ou fatos, ou empregar outra fraude, para eximir-se, total ou parcialmente, de pagamento de tributo

O disposto no inciso I do art. 2º deve ser analisado com o que foi dito antes sobre o inciso I do art. 1º. Se houve resultado (supressão ou redução de tributo), o crime é o do art. 1º. Se não houve prejuízo, o crime seria este do art. 2º, exigindo-se o elemento subjetivo do injusto, consistente no fim especial de eximir-se total ou parcialmente do pagamento do tributo.

No entanto, observe-se que ou houve supressão ou redução do tributo, e o crime é o do art. 1º, ou houve o pagamento, e ocorreu extinção da punibilidade, nos termos do art. 9º, § 2º, da Lei 10.684/2003).[8]

Ou seja, o tipo do inciso I do art. 2º é logicamente inaplicável.

---

7. "Art. 2º. Constitui crime da mesma natureza: I – fazer declaração falsa ou omitir declaração sobre rendas, bens ou fatos, ou empregar outra fraude, para eximir-se, total ou parcialmente, de pagamento de tributo; II – deixar de recolher, no prazo legal, valor de tributo ou de contribuição social, descontado ou cobrado, na qualidade de sujeito passivo de obrigação e que deveria recolher aos cofres públicos; III – exigir, pagar ou receber, para si ou para o contribuinte beneficiário, qualquer percentagem sobre a parcela dedutível ou deduzida de imposto ou de contribuição como incentivo fiscal; IV – deixar de aplicar, ou aplicar em desacordo com o estatuído, incentivo fiscal ou parcelas de imposto liberadas por órgão ou entidade de desenvolvimento; V – utilizar ou divulgar programa de processamento de dados que permita ao sujeito passivo da obrigação tributária possuir informação contábil diversa daquela que é, por lei, fornecida à Fazenda Pública.

"Pena – detenção, de 6 (seis) meses a 2 (dois) anos, e multa."
8. L 10.684/2003, "Art. 9º. É suspensa a pretensão punitiva do Estado, referente aos crimes previstos nos arts. 1º e 2º da Lei n. 8.137, de 27 de dezembro de 1990, e nos arts. 168-A e 337-A do Decreto-lei n. 2.848, de 7 de dezembro de 1940 – Código Penal, durante o período em que a pessoa jurídica relacionada com o agente dos aludidos crimes estiver incluída no regime de parcelamento.

"§ 1º. A prescrição criminal não corre durante o período de suspensão da pretensão punitiva.

"§ 2º. Extingue-se a punibilidade dos crimes referidos neste artigo quando a pessoa jurídica relacionada com o agente efetuar o pagamento integral dos débitos oriundos de tributos e contribuições sociais, inclusive acessórios."

**2.2** *Deixar de recolher, no prazo legal, valor de tributo ou de contribuição social, descontado ou cobrado, na qualidade de sujeito passivo de obrigação e que deveria recolher aos cofres públicos*

O inciso II do art. 2º prevê o crime do que recebe tributo do contribuinte de fato, como no caso do ICMS, e não efetua o pagamento. No entanto, grande parte da doutrina taxa o dispositivo de inconstitucional, pois promove a prisão por dívida fora da única hipótese permitida pelo ordenamento constitucional (devedor de alimentos).

A Lei 8.866/94[9] tentou equiparar a omissão do responsável tributário à situação do depositário infiel, com o objetivo de permitir sua prisão. Mas, como o Brasil ratificou o *Pacto Internacional de São José da Costa Rica*, o STF editou a Súmula Vinculante 25 que excluiu a possibilidade de prisão do depositário infiel: "É ilícita a prisão do depositário infiel, qualquer que seja a modalidade do depósito".

No que se refere às contribuições sociais o texto é inaplicável, já que os arts. 168-A e 337-A do Código Penal, introduzidos pela Lei 9.983, de 14.7.2000, criaram tipos penais especiais para o caso.[10]

---

9. L 8.866/94, art. 1º:
"É depositário da Fazenda Pública, observado o disposto nos arts. 1.282, I, e 1.283 do Código Civil, a pessoa a que a legislação tributária ou previdenciária imponha a obrigação de reter ou receber de terceiro, e recolher aos cofres públicos, impostos, taxas e contribuições, inclusive à Seguridade Social.
"§ 1º. Aperfeiçoa-se o depósito na data da retenção ou recebimento do valor a que esteja obrigada a pessoa física ou jurídica.
"§ 2º. É depositário infiel aquele que não entrega à Fazenda Pública o valor referido neste artigo, no termo e forma fixados na legislação tributária ou previdenciária (...)."
10. L 9.983, de 14 de julho de 2000 (*DOU* de 17.7.2000):
"Art. 1º. São acrescidos à Parte Especial do Decreto-lei n. 2.848, de 7 dezembro de 1940 – Código Penal, os seguintes dispositivos:
**"Apropriação indébita previdenciária**
"Art. 168-A. Deixar de repassar à previdência social as contribuições recolhidas dos contribuintes, no prazo e forma legal ou convencional.
"Pena – reclusão, de 2 (dois) a 5 (cinco) anos, e multa.
"§ 1º. Nas mesmas penas incorre quem deixar de:
"I – recolher, no prazo legal, contribuição ou outra importância destinada à previdência social que tenha sido descontada de pagamento efetuado a segurados, a terceiros ou arrecadada do público;
"II – recolher contribuições devidas à previdência social que tenham integrado despesas contábeis ou custos relativos à venda de produtos ou à prestação de serviços;
"III – pagar benefício devido a segurado, quando as respectivas cotas ou valores já tiverem sido reembolsados à empresa pela previdência social.

Ou seja, a exemplo do inciso I, também o inciso II do art. 2º é inaplicável (e inconstitucional).

*2.3 Exigir, pagar ou receber, para si ou para o contribuinte beneficiário, qualquer percentagem sobre a parcela dedutivel ou deduzida de imposto ou de contribuição como incentivo fiscal*

Redigido de forma enigmática, o tipo do inciso III incrimina as condutas de desvio de incentivo fiscal em benefício do operador da instituição financeira ou do próprio contribuinte. O desvio pode ser total ou parcial.

"§ 2º. É extinta a punibilidade se o agente, espontaneamente, declara, confessa e efetua o pagamento das contribuições, importâncias ou valores e presta as informações devidas à previdência social, na forma definida em lei ou regulamento, antes do início da ação fiscal.

"§ 3º. É facultado ao juiz deixar de aplicar a pena ou aplicar somente a de multa se o agente for primário e de bons antecedentes, desde que:

"I – tenha promovido, após o início da ação fiscal e antes de oferecida a denúncia, o pagamento da contribuição social previdenciária, inclusive acessórios; ou

"II – o valor das contribuições devidas, inclusive acessórios, seja igual ou inferior àquele estabelecido pela previdência social, administrativamente, como sendo o mínimo para ajuizamento de suas execuções fiscais. (...).

**"Sonegação de contribuição previdenciária**

"Art. 337-A. Suprimir ou reduzir contribuição social previdenciária e qualquer acessório, mediante as seguintes condutas:

"I – omitir de folha de pagamento da empresa ou de documento de informações previsto pela legislação previdenciária segurados empregado, empresário, trabalhador avulso ou trabalhador autônomo ou a este equiparado que lhe prestem serviços;

"II – deixar de lançar mensalmente nos títulos próprios da contabilidade da empresa as quantias descontadas dos segurados ou as devidas pelo empregador ou pelo tomador de serviços;

"III – omitir, total ou parcialmente, receitas ou lucros auferidos, remunerações pagas ou creditadas e demais fatos geradores de contribuições sociais previdenciárias:

"Pena – reclusão, de 2 (dois) a 5 (cinco) anos, e multa.

"§ 1º. É extinta a punibilidade se o agente, espontaneamente, declara e confessa as contribuições, importâncias ou valores e presta as informações devidas à previdência social, na forma definida em lei ou regulamento, antes do início da ação fiscal.

"§ 2º. É facultado ao juiz deixar de aplicar a pena ou aplicar somente a de multa se o agente for primário e de bons antecedentes, desde que:

"I – (*vetado*);

"II – o valor das contribuições devidas, inclusive acessórios, seja igual ou inferior àquele estabelecido pela previdência social, administrativamente, como sendo o mínimo para o ajuizamento de suas execuções fiscais.

"§ 3º. Se o empregador não é pessoa jurídica e sua folha de pagamento mensal não ultrapassa R$ 1.510,00 (um mil, quinhentos e dez reais), o juiz poderá reduzir a pena de um terço até a metade ou aplicar apenas a de multa.

"§ 4º. O valor a que se refere o parágrafo anterior será reajustado nas mesmas datas e nos mesmos índices do reajuste dos benefícios da previdência social. (...)."

Embora guarde alguma semelhança com os crimes funcionais, é certo que tanto o *extraneus* como o agente de instituição financeira oficial ou particular podem cometer o delito.

É difícil imaginar exemplo prático verossímil. Não foi localizado caso recente na jurisprudência.

Na forma "exigir", o delito é formal, onde a tentativa é tida como inadmissível. Já os núcleos "pagar" e "receber" são materiais e necessitam do efetivo pagamento ou recebimento para a consumação.

**2.4 Deixar de aplicar, ou aplicar em desacordo com o estatuído, incentivo fiscal ou parcelas de imposto liberadas por órgão ou entidade de desenvolvimento**

Os núcleos "deixar de aplicar" e "aplicar em desacordo" encerram situações muito semelhantes.

No primeiro caso, o delito é omissivo e incrimina a conduta daquele que não investe o incentivo fiscal estipulado em lei. Incide na segunda figura o que aplica incorretamente. É importante observar que não existe a previsão de forma culposa. É atípica a conduta do aplicador negligente.

A consumação ocorre quando findar o prazo para aplicação ("deixar de aplicar") ou quando ocorrer a aplicação desconforme ("aplicar em desacordo"). A forma omissiva obviamente não admite tentativa. Porém, como "aplicar" é conduta que deixa resultado material, em tese é possível a forma tentada.

Trata-se de norma penal em branco, já que a lei específica definirá o incentivo, sua correta aplicação e o prazo ou oportunidade para aplicação.

Se houver declaração falsa simulando a aplicação do incentivo fiscal para conseguir diminuição do valor do tributo (dolo específico), o crime será o do art. 2º, I. Se efetivamente houver supressão ou redução do tributo, haverá infração ao art. 1º, I. Se há emprego de documento falso, incide o art. 1º, IV.

Mas, se a fraude visa a obter redução do imposto de renda utilizando-se de qualquer benefício da Lei de Apoio à Cultura, estará configurada a infração do art. 40 da Lei 8.313/91, que pune inclusive aquele que recebe o recurso e não promove a atividade cultural objeto do incentivo.[11]

---

11. L 8.313/91 – Lei Rouanet de Apoio à Cultura, art. 40: "Constitui crime, punível com reclusão de 2 (dois) a 6 (seis) meses e multa de 20% (vinte por cento) do valor do projeto, obter redução do imposto de renda utilizando-se fraudulentamente de qualquer benefício desta Lei.

*2.5 Utilizar ou divulgar programa de processamento de dados que permita ao sujeito passivo da obrigação tributária possuir informação contábil diversa daquela que é, por lei, fornecida à Fazenda Pública*

Trata-se de tipo penal criado para fazer frente aos novos tempos, onde a Informática praticamente dominou a contabilidade e os registros da administração de empresas.

Punem-se as condutas de utilizar ou divulgar *software* que permita conhecimento de informações contábeis diversas daquelas que devem ser fornecidas ao Fisco. É o conhecido "caixa dois" ou a "contabilidade paralela".

Exige-se o dolo específico, que é o fim especial de lesar os cofres públicos, suprimindo ou reduzindo tributos.

Como muito bem anotou Edmar Oliveira Andrade Filho, não haveria sentido em incriminar o contribuinte probo que, por exemplo, tenha também contabilidade em moeda estrangeira, apenas para fins gerenciais (*Direito Penal Tributário, Crimes Contra a Ordem Tributária*, SP, Atlas, 1995).

A consumação ocorre com a prática das condutas, independentemente de eventual resultado. Formal, o delito não admite a forma tentada.

Cuida-se de delito subsidiário, já que, se houver efetivo prejuízo ao Fisco, o crime será o do art. 1º da lei.

"Utilizar" é fazer uso, empregar. "Divulgar" tem o sentido de tornar público, contar para mais de uma pessoa, embora parte da doutrina entenda necessário que se propale para um número indeterminado de indivíduos.

### 3. Os crimes funcionais do art. 3º da Lei 8.137/90

O art. 3º da Lei 8.137/90[12] prevê os crimes fiscais praticados por funcionários públicos. Os delitos tipificados no Código Penal (extravio de do-

---

"§ 1º. No caso de pessoa jurídica respondem pelo crime o acionista controlador e os administradores que para ele tenham concorrido.

"§ 2º. Na mesma pena incorre aquele que, recebendo recursos, bens ou valores em função desta Lei, deixe de promover, sem justa causa, atividade cultural objeto do incentivo."

12. "*Dos crimes praticados por funcionários públicos*

"Art. 3º. Constitui crime funcional contra a ordem tributária, além dos previstos no Decreto-lei n. 2.848, de 7 de dezembro de 1940 – Código Penal (Título XI, Capítulo I): I – extraviar livro oficial, processo fiscal ou qualquer documento, de que tenha a guarda em razão da função; sonegá-lo, ou inutilizá-lo, total ou parcialmente, acarretando pagamento indevido ou inexato de tributo ou contribuição social; II – exigir, solicitar ou receber para si ou para outrem, direta ou indiretamente, ainda que fora da função ou antes de iniciar seu exercício, mas em razão dela, vantagem indevida; ou aceitar promessa de

cumento, corrupção passiva, concussão, etc.) passam a ter aplicação apenas subsidiária quando a conduta não se enquadrar no tipo previsto na lei especial.

São crimes próprios, onde somente poderá figurar como sujeito ativo o funcionário público ou assemelhado.[13] Mas a coautoria e a participação do particular (*extraneus*) são perfeitamente possíveis, já que a condição de funcionário é elementar do tipo.[14]

*3.1 Extraviar livro oficial, processo fiscal ou qualquer documento, de que tenha a guarda em razão da função; sonegá-lo, ou inutilizá-lo, total ou parcialmente, acarretando pagamento indevido ou inexato de tributo ou contribuição social*

Há grande similitude do disposto neste inciso I com o crime do art. 314 do Código Penal, que é aplicável subsidiariamente, quando a conduta não acarretou pagamento indevido ou inexato.

Pagamento indevido é aquele onde a vítima despendeu importância que não era exigível legalmente. O pagamento pode ser total ou parcialmente indevido. Pagamento inexato é aquele previsto legalmente, mas efetuado a menor.

Trata-se de crime material, onde, teoricamente, sempre se admite a forma tentada.

"Extraviar" é desviar, tirar do caminho, fazer perder. "Sonegar" é não apresentar, ocultar. "Inutilizar" é tornar inútil, imprestável, estragar total ou parcialmente.

Para grande parte da doutrina, o crime no núcleo "extraviar" é permanente. O delito se consumaria instantaneamente nas formas "sonegar" e "inutilizar".

tal vantagem, para deixar de lançar ou cobrar tributo ou contribuição social, ou cobrá-los parcialmente: Pena – reclusão, de 3 (três) a 8 (oito) anos, e multa; III – patrocinar, direta ou indiretamente, interesse privado perante a administração fazendária, valendo-se da qualidade de funcionário público: Pena – reclusão, de 1 (um) a 4 (quatro) anos, e multa."
    13. Funcionário público – definição do CP:
"Art. 327. Considera-se funcionário público, para os efeitos penais, quem embora transitoriamente ou sem remuneração, exerce cargo, emprego ou função pública.
"§ 1º. Equipara-se a funcionário público quem exerce cargo, emprego ou função em entidade paraestatal e quem trabalha para empresa prestadora de serviço contratada ou conveniada para a execução de atividade típica da Administração.
"§ 2º. A pena será aumentada da terça parte quando os autores dos crimes previstos neste Capítulo forem ocupantes de cargos em comissão ou de função de direção ou assessoramento de órgão da administração direta, sociedade de economia mista, empresa pública ou fundação instituída pelo poder público."
    14. Circunstâncias incomunicáveis – CP: "Art. 30. Não se comunicam as circunstâncias e as condições de caráter pessoal, salvo quando elementares do crime".

Na verdade, o tipo penal exige a ocorrência da elementar "acarretando pagamento indevido ou inexato", que é consequência das condutas-meio (extraviar, sonegar, inutilizar). Assim, não há falar em delito permanente ou instantâneo na prática das condutas preparatórias. O crime se consuma no instante do pagamento indevido ou inexato.

*3.2 Exigir, solicitar ou receber, para si ou para outrem, direta ou indiretamente, ainda que fora da função ou antes de iniciar seu exercício, mas em razão dela, vantagem indevida; ou aceitar promessa de tal vantagem, para deixar de lançar ou cobrar tributo ou contribuição social, ou cobrá-los parcialmente*

Trata-se de delito em que o legislador reuniu em um único tipo os delitos de concussão e corrupção passiva previstos nos arts. 316, *caput*, e 317, *caput*, do Código Penal.

Assim, o delito se consuma no exato instante da exigência, da solicitação, do recebimento ou da aceitação da promessa indevida. Não se admite a tentativa.

Não existe previsão da chamada corrupção passiva qualificada (art. 317, § 1º, do CP), que ocorre quando se deixa de cobrar ou lançar o tributo, que configura mero exaurimento do crime. Tal fato pode apenas influir na fixação da pena.

Mas o tipo exige o especial fim, o dolo específico, ou elemento subjetivo do injusto, de agir naquele sentido; para que o tributo não seja lançado ou cobrado.

Também não há previsão da corrupção ativa tributária, e, assim sendo, o corruptor continua respondendo pelo delito previsto no Código Penal (art. 333).

"Exigir" é impor, forçar. "Solicitar" é pedir. "Receber" é aceitar, tomar para si a vantagem. "Aceitar promessa" é concordar com a oferta.

A exigência, a solicitação e o recebimento podem ser diretos (pelo próprio funcionário) ou indiretos (por terceira pessoa).

*3.3 Patrocinar, direta ou indiretamente, interesse privado perante a administração fazendária, valendo-se da qualidade de funcionário público*

Com exceção da troca da expressão "administração pública" por "administração fazendária", a redação do inciso III é exatamente a mesma do art. 321 do Código Penal, que trata da advocacia administrativa. Se o patrocínio for junto à administração fazendária, este delito será especial. Aqui a pena é muito mais severa (detenção de um a três meses *x* reclusão de um a quatro anos).

"Patrocinar" tem sentido de advogar, defender. O patrocínio pode ser direto ou indireto (por interposta pessoa). Embora seja crime próprio do funcionário, pode ocorrer concurso com o particular.

Este tipo especial abrange tanto o patrocínio do interesse legítimo como o ilegítimo, já que não há previsão semelhante ao § único do art. 321 do Código Penal, que aumenta a pena se o interesse for ilegítimo.

Há quem entenda que a qualificadora do § 2º do art. 327 do Código Penal[15] incide também neste crime especial. Tal aplicabilidade estaria autorizada pelo art. 12 do Código Penal, que determina que as regras gerais do Código Penal se aplicam aos fatos incriminados por lei especial, se esta não dispuser de modo diverso.

Entretanto, é necessário observar, a qualificadora é regra especial prevista na parte especial do Código Penal, e tal circunstância afasta a incidência da norma.

## 4. Extinção da punibilidade

Toda a estrutura da nova lei penal tributária se baseia em primeiro lugar no interesse do Fisco em receber o que lhe é devido. Tanto que, nas hipóteses do art. 1º, se o recolhimento foi realizado corretamente, não haverá crime, mesmo com a prática das condutas-meio.

Consumados os crimes dos arts. 1º e 2º da Lei 8.137/90 e dos arts. 168-A (apropriação indébita previdenciária) e 337-A (sonegação de contribuição previdenciária) do Código Penal, o pagamento integral do débito extingue a punibilidade a qualquer tempo, mesmo após a sentença condenatória (art. 9º, § 2º, da L 10.684/2003).

## 5. Competência

A competência para julgar os crimes contra a ordem tributária é estabelecida pelo tributo atingido, que poderá ser da União (Justiça Comum Federal) ou do Estado-membro ou Município (Justiça Comum Estadual).

---

15. "§ 2º. A pena será aumentada da terça parte quando os autores dos crimes previstos neste Capítulo forem ocupantes de cargos em comissão ou de função de direção ou assessoria de órgão da Administração direta, sociedade de economia mista, empresa pública ou fundação instituída pelo poder público".

## 6. Responsabilidade penal

A responsabilidade pela prática dos delitos contra a ordem tributária é idêntica à do direito penal comum. O legislador, neste caso, apenas deu especial destaque ao crime cometido através da pessoa jurídica, que é a regra tratando-se de delitos fiscais.

Desta forma, "quem, de qualquer modo, inclusive por meio de pessoa jurídica, concorre para os crimes definidos nesta Lei, incide nas penas a estes cominadas, na medida de sua culpabilidade" (art. 11 da L 8.137/90).

## 7. Princípio da insignificância

O STJ tem considerado como insignificante e, portanto, atípica a infração penal tributária cujo valor sonegado é inferior a R$ 10.000,00. Este montante é estabelecido periodicamente por portaria do Ministério da Fazenda como sendo o limite mínimo para o ajuizamento de execuções fiscais de débitos com a Fazenda Nacional. No entanto, há um movimento de resistência no STJ, que não acompanhou a última elevação deste valor para R$ 20.000,00, pela Portaria MF 75, de 22.3.2012, *DOU* de 29.3.2012.[16]

---

16. STJ, 3ª S., AgRg nos EAREsp 522.775-MG, rel. Min. Nefi Cordeiro, j. 22.3.2017, *DJe* 27.3.2017. V. tb. REsp 1.425.012-PR, REsp 1.393.317, REsp 1.409.973 e REsp 1.393.3176. Em sentido contrário, adotando a ampliação do valor para R$ 20.000,00, STF, 1ª T., HC 119.849-PR, rel. Min. Dias Toffoli, j. 19.8.2014 *DJe* 6.10.2014, public. 7.10.2014.

# BIBLIOGRAFIA

Adilson Rodrigues Pires. *Manual de Direito Tributário.* 9ª ed., Rio, Forense, 1996.
Aliomar Baleeiro. *Direito Tributário Brasileiro.* 10ª ed., Rio, Forense, 1987.
Antônio Corrêa. *Dos Crimes Contra a Ordem Tributária.* 2ª ed., São Paulo, Saraiva 1996.
Arnaldo Borges. *Introdução ao Direito Tributário.* São Paulo, Ed. RT, 1992.

Celso Ribeiro Bastos. *Curso de Direito Constitucional.* 18ª ed., São Paulo, Saraiva, 1997; 22ª ed., São Paulo, Malheiros Editores, 2010; *Curso de Direito Financeiro e de Direito Tributário.* 4ª ed., São Paulo, Saraiva, 1995.

Damásio E. de Jesus. *Novíssimas Questões Criminais.* Saraiva, São Paulo, 1998.
Denise Lucena Cavalcante. *Crédito Tributário.* São Paulo, Malheiros Editores, 2004.

Edmar Oliveira Andrade Filho. *Direito Penal Tributário.* São Paulo, Atlas, 1995.
Eduardo Marcial Ferreira Jardim. *Manual de Direito Financeiro e Tributário.* São Paulo, Saraiva, 2008; *Dicionário Jurídico Tributário.* 2ª ed., São Paulo, Saraiva, 1996.
Eurico Marcos Diniz de Santi. *Lançamento Tributário.* São Paulo, Max Limonad, 1996.

Fustel de Coulanges. *A Cidade Antiga.* São Paulo, Martins Fontes, 1995.

Geílson Salomão Leite. *Do Imposto Territorial Rural.* São Paulo, Max Limonad, 1996.
Geraldo Ataliba. *Hipótese de Incidência Tributária.* 6ª ed., 16ª tiragem. São Paulo, Malheiros Editores, 2016.

Hamilton Fernando Castardo. *Primeiras Linhas de Direito Tributário Nacional.* São Paulo, Campinas, Millenium, 2008.
Hugo de Brito Machado. *Curso de Direito Tributário.* 26ª ed., São Paulo, Malheiros Editores, 2005; 38ª ed., 2017; *Os Princípios Jurídicos da Tributação na Constituição.* São Paulo, Ed. RT, 1989.

Ives Gandra da Silva Martins. *Curso de Direito Tributário.* São Paulo, Saraiva, 2008.

João Carlos Menezes. *Sonegação Fiscal.* 2ª ed., Bookseller, 1997.

John Kenneth Galbraith. *Moeda, de Onde Veio, para Onde Foi.* Novos Umbrais, 1983.
José Eduardo Soares de Melo. *Curso de Direito Tributário.* São Paulo, Dialética, 2008.
José Jayme de Macedo Oliveira. *Código Tributário Nacional.* São Paulo, Saraiva, 2008.
Kiyoshi Harada. *Direito Fianceiro e Tributário.* São Paulo, Atlas, 2008.

Leandro Paulsen. *Direito Tributário.* Porto Alegre, Livraria do Advogado, 2009.
Lídia Maria Lopes Rodrigues Ribas. *Direito Penal Tributário – Questões Relevantes.* 2ª ed., São Paulo, Malheiros Editores, 2004.
Luciano Amaro. *Direito Tributário Brasileiro.* São Paulo, Saraiva, 2008.
Luiz Alberto Ferracini. *Do Crime de Sonegação Fiscal.* São Paulo, Leme, LED-Editora de Direito, 1996.
Luiz Carlos Trouche Ramina. *Iniciação ao Direito Financeiro e Tributário.* 2ª ed., São Paulo, Ed. Resenha Tributária, 1996.

Marcelo Abdalla da Silva. *Direito Tributário Didático.* Belo Horizonte, Ed. Inédita, 1996.
Marcelo Alexandrino e Vicente Paulo. *Manual de Direito Tributário.* Método, 2008.

Nélson Abrão. *Direito Bancário.* 3ª ed., São Paulo, Ed. RT, 1996.

P. R. Tavares Paes. *Comentários ao Código Tributário Nacional.* 5ª ed., São Paulo, Ed. RT, 1996.
Paulo de Barros Carvalho. *Curso de Direito Tributário.* São Paulo, Saraiva, 2008.
Paulo José da Costa Júnior. *Infrações Tributárias e Delitos Fiscais.* 2ª ed., São Paulo, Saraiva, 1996.
Pedro Roberto Decomain. *Crimes Contra a Ordem Tributária.* Obra Jurídica, 1995.

Régis Fernandes de Oliveira e Estevão Horvath. *Manual de Direito Financeiro.* 2ª ed., São Paulo, Ed. RT, 1997.
Ricardo Lobo Torres. *Curso de Direito Financeiro e Tributário.* Rio, Renovar, 2008.
Roberto dos Santos Ferreira. *Crimes Contra a Ordem Tributária.* São Paulo, Malheiros Editores, 1996; 2ª ed., 2002.
Rodolfo Tigre Maia. *Dos Crimes Contra o Sistema Financeiro Nacional.* 1ª ed., 2ª tiragem. São Paulo, Malheiros Editores, 1999.
Roque Antonio Carrazza. *Curso de Direito Constitucional Tributário.* 24ª ed., São Paulo, Malheiros Editores, 2008; 31ª ed., 2017.
Rui Stoco. *Leis Penais Especiais e sua Interpretação Jurisprudencial.* São Paulo, Ed. RT, 1995.
Ruy Barbosa Nogueira. *Curso de Direito Tributário.* 14ª ed., São Paulo, IBDT/Saraiva, 2008.

# BIBLIOGRAFIA

Sérgio Carlos Covello. *O Sigilo Bancário*. São Paulo, Livraria e Editora Universitária de Direito-LEUD, 1991.

Sérgio Pinto Martins. *Manual do ISS*. São Paulo, 2008.

Sidney Bittencourt. *Comentários ao SIMPLES*. Rio, Lumen Juris, 2008.

Vittorio Cassone. *Direito Tributário*. São Paulo, Atlas, 1996.

Walter Brasil Mujalli. *Regime Tributário Fiscal das Microempresas*. São Paulo, Leme, LED-Editora de Direito, 2008.

Yoshiaki Ichihara. *Direito Tributário*. São Paulo, Atlas, 2008.

Zelmo Denari. *Infrações Tributárias e Delitos Fiscais*. 2ª ed., São Paulo, Saraiva, 1996; *Curso de Direito Tributário*. Rio, Forense, 2008.

# ÍNDICE ALFABÉTICO-REMISSIVO

**A**
Administração orçamentária, 22, 26
Administração tributária, 76
Alíquota
 ISS, 108
 ICMS, 104
 ITBI, 108
 ITCM, 99
 ITR, 96
 imposto de exportação, 91
 imposto de importação, 90
Analogia, 50
Anexo de Metas Fiscais, 21
Anistia, 73
Aplicabilidade da lei, 48

**B**
Bancário, sigilo, 77
Base de cálculo
 ICMS, 102
 IPTU, 106
 IPVA, 105
 ITR, 95
Bens impenhoráveis, 74

**C**
Capacidade contributiva, 43
Capacidade tributária, 45, 53
Compensação, 66
Competência tributária, 45, 53
Concurso de preferência
 entre as Fazendas, 80
Conluio, 58
Conselho Fiscal, 33
Consulta, 78
Contribuição de melhoria, 40
Contribuições sociais, 40
Contribuinte, 54
 de direito, 56
 de fato, 56

Costume, 51
Crédito tributário, 59
 exclusão do, 71
 extinção do, 63
 garantias e privilégios do, 74
 suspensão de sua exigibilidade, 61
Crimes tributários, 57, 121

**D**
Decadência, 66
Declaração de Responsabilidade, 27
Demonstração do Impacto Financeiro, 27
Despesa corrente, 22, 27 (rodapé)
Despesas com pessoal, 28
Direito financeiro, 17
Dívida pública, 25
 limites, 30
Domicílio tributário, 46

**E**
Elisão, 58
Embargos do devedor, 84
Equidade, 51
Evasão, 58
Execução fiscal, 80
 esquema da, 86
Extrafiscalidade, 19

**F**
Fato gerador, 51
 aspecto do, 53
Fato imponível, 52
Fato jurídico tributário, 52
Financeiro, direito, 17
Fiscalidade, 19
Fontes de incidência realizada, 52

**H**
Hipótese de incidência realizada, 52

Hipótese de incidência tributária, 52

**I**
ICMS, 99
Impenhoráveis, bens, 74
Imposto de exportação-IE, 91
Imposto de importação-II, 89
Imposto de renda-IR, 91
Imposto sobre a circulação de mercadorias e serviços-ICMS, 99
Imposto sobre a propriedade de veículos automotores-IPVA, 105
Imposto sobre a propriedade territorial urbana-IPTU, 105
Imposto sobre a propriedade territorial rural-ITR, 94
Imposto sobre operações financeiras IOF, 93
Imposto sobre produtos industrializados-IPI, 92
Imposto sobre serviços de qualquer natureza-ISS, 108
Imposto sobre transmissão *causa mortis*, 98
Imposto sobre transmissão *inter vivos*-ITBI, 107
Impostos, 38, 87
  federais, 89
  estaduais, 98
  municipais, 105
Imunidade, 43, 71
  reflexa, 71 (rodapé)
Incidência, 71
Infrações administrativas, 56
Interpretação da lei, 49
IOF, 93
IPI, 92
IPTU, 105
IPVA, 105
IR, 91
Irretroatividade, 43
Isenção, 72
Isonomia, 43
ISS, 108
  lista dos serviços tributáveis, 109
ITBI, 107
ITR, 94

**L**
Lançamento, 60
Lei, aplicabilidade da, 48
  integração da, 50
  interpretação da, 49
  vigência da, 48
Leilão, 83
Limitações ao poder de tributar, 46

**M**
Mandato, último ano, 32
Mistas, operações, 104
Moratória, 62

**N**
Não cumulatividade, 43
Não incidência, 71

**O**
Obrigação
  acessória, 55
  *propter rem,* 55 (rodapé)
  tributária, 51
Operações de crédito, limites, 31
Operações mistas, 104
Orçamento, 20

**P**
Pagamento, 63
  prazo para, 68
*Pecunia non olet,* 37 (rodapé)
Pedágio, 39 (rodapé)
Penhora eletrônica, 82
Praça, 83
Preço público, 39
Preço vil, 83
Preferência, concurso de, 80
Prescrição, 69
Princípio da insignificância, 136
Princípios gerais
  de direito público, 51
  de direito tributário, 51
Procedimento administrativo, 78
Processo administrativo, 78
Projetos novos, 33
*Propter rem,* obrigação, 55 (rodapé)

**Q**
Quadro
  da decadência e prescrição, 70
  dos impostos, 41
  dos tributos, 41

**R**
Receita, 18
  corrente, 28 (rodapé)

# ÍNDICE ALFABÉTICO-REMISSIVO

Receitas tributárias, repartições das, 44
Regime de caixa, 28 (rodapé)
Regime de competência, 28 (rodapé)
Remissão, 66
Renúncia fiscal, 26
Repetição do indébito, 65 (rodapé)
Responsabilidade fiscal, 25
Responsável, 54
Restituição, 70

### S

Serviços
  imposto sobre, 108
  *uti singuli,* 39
  *uti universi,* 39
Sigilo bancário, 77
SIMPLES, 97
Sociedade, crimes tributários praticados através de, 58
Substituição tributária, 54, 102

Sujeito ativo, 53
Sujeito passivo, 54

### T

Tarifa, 39
Taxa, 38
Transação, 66
Transferência tributária, 54
Tipicidade, 44
Tributos, 37
  diretos, 65
  indiretos, 65
  quais são os, 38
  princípios dos, 42

### U

Último ano de mandato, 32

### V

Vigência da lei, 48

\* \* \*

00257

**GRÁFICA PAYM**
Tel. [11] 4392-3344
paym@graficapaym.com.br